드림중국어 HSKK 중급 실전 모의고사

梦想中国语 HSKK 中级 实战模拟考试

드림중국어 HSKK 중급 실전 모의고사

梦想中国语 HSKK 中级 实战模拟考试

종이책 최신판 발행	2023 년 06 월 18 일
전자책 최신판 발행	2023 년 06 월 18 일

저자:	류환
디자인:	曹帅
발행인:	류환
발행처:	드림중국어
주소:	인천 서구 청라루비로 93, 7 층
전화:	032-567-6880
이멜:	5676888@naver.com
등록번호:	654-93-00416
등록일자:	2016 년 12 월 25 일
종이책 ISBN:	979-11-93243-17-6 (13720)
전자책 ISBN:	979-11-93243-18-3 (15720)
값:	38,800 원

이책은 저작권법에 따라 보호받는 저작물이므로 무단복제나 사용은 금지합니다. 이 책의 내용을 이용하거나 인용하려면 반드시 저작권자 드림중국어의 서면 동의를 받아야 합니다. 잘못된 책은 교환해 드립니다.

<MP3 무료 다운!>

이 책에 관련된 모든 MP3 는 드림중국어 카페(http://cafe.naver.com/dream2088)를 회원 가입 후에 <교재 MP3 무료 다운> 에서 무료로 다운 받으실 수 있습니다.

MP3 파일 다운로드 주소:　　　https://cafe.naver.com/dream2088/3802

녹음 원문 다운로드 주소:　　　https://cafe.naver.com/dream2088/3801

 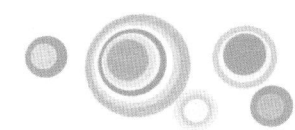

< 목 록 >

[1~30회] HSKK 중급 말하기 모의시험 1

<HSKK 중급 실전 모의 고사 1> 1
<HSKK 중급 실전 모의 고사 2> 4
<HSKK 중급 실전 모의 고사 3> 7
<HSKK 중급 실전 모의 고사 4> 10
<HSKK 중급 실전 모의 고사 5> 13
<HSKK 중급 실전 모의 고사 6> 16
<HSKK 중급 실전 모의 고사 7> 19
<HSKK 중급 실전 모의 고사 8> 22
<HSKK 중급 실전 모의 고사 9> 25
<HSKK 중급 실전 모의 고사 10> 28
<HSKK 중급 실전 모의 고사 11> 31
<HSKK 중급 실전 모의 고사 12> 34
<HSKK 중급 실전 모의 고사 13> 37
<HSKK 중급 실전 모의 고사 14> 40
<HSKK 중급 실전 모의 고사 15> 43
<HSKK 중급 실전 모의 고사 16> 46
<HSKK 중급 실전 모의 고사 17> 49
<HSKK 중급 실전 모의 고사 18> 52
<HSKK 중급 실전 모의 고사 19> 55
<HSKK 중급 실전 모의 고사 20> 58
<HSKK 중급 실전 모의 고사 21> 61
<HSKK 중급 실전 모의 고사 22> 64
<HSKK 중급 실전 모의 고사 23> 67
<HSKK 중급 실전 모의 고사 24> 70
<HSKK 중급 실전 모의 고사 25> 73
<HSKK 중급 실전 모의 고사 26> 76
<HSKK 중급 실전 모의 고사 27> 79
<HSKK 중급 실전 모의 고사 28> 82
<HSKK 중급 실전 모의 고사 29> 85
<HSKK 중급 실전 모의 고사 30> 88

[1~30회] HSKK 중급 말하기 모의시험 답안 91

<HSKK 중급 모의고사 1> 모범 답안 91
<HSKK 중급 모의고사 2> 모범 답안 94
<HSKK 중급 모의고사 3> 모범 답안 97
<HSKK 중급 모의고사 4> 모범 답안 100
<HSKK 중급 모의고사 5> 모범 답안 103
<HSKK 중급 모의고사 6> 모범 답안 106
<HSKK 중급 모의고사 7> 모범 답안 109
<HSKK 중급 모의고사 8> 모범 답안 111
<HSKK 중급 모의고사 9> 모범 답안 113
<HSKK 중급 모의고사 10> 모범 답안 115
<HSKK 중급 모의고사 11> 모범 답안 117
<HSKK 중급 모의고사 12> 모범 답안 119
<HSKK 중급 모의고사 13> 모범 답안 121
<HSKK 중급 모의고사 14> 모범 답안 123
<HSKK 중급 모의고사 15> 모범 답안 125
<HSKK 중급 모의고사 16> 모범 답안 127
<HSKK 중급 모의고사 17> 모범 답안 129
<HSKK 중급 모의고사 18> 모범 답안 131
<HSKK 중급 모의고사 19> 모범 답안 133
<HSKK 중급 모의고사 20> 모범 답안 135
<HSKK 중급 모의고사 21> 모범 답안 137
<HSKK 중급 모의고사 22> 모범 답안 139
<HSKK 중급 모의고사 23> 모범 답안 141
<HSKK 중급 모의고사 24> 모범 답안 143
<HSKK 중급 모의고사 25> 모범 답안 145
<HSKK 중급 모의고사 26> 모범 답안 147
<HSKK 중급 모의고사 27> 모범 답안 149
<HSKK 중급 모의고사 28> 모범 답안 151
<HSKK 중급 모의고사 29> 모범 답안 153
<HSKK 중급 모의고사 30> 모범 답안 155

<HSKK 중급 모의고사> 녹음 파일 다운로드 157

<HSKK 중급 모의고사> 녹음 원문 다운로드 157

드림중국어 시리즈 교재 158

 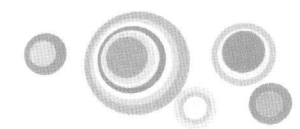

梦想中国语 模拟考试

新汉语水平考试

HSK 口试（中级）1

注　意

一、HSK 口试（中级）分为三部分：

　　1. 听后重复（10题，5分钟）

　　2. 看图说话（2题，4分钟）

　　3. 回答问题（2题，4分钟）

二、全部考试约23分钟（含准备时间10分钟）。

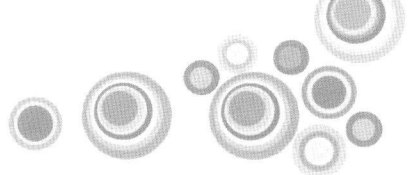

第一部分

第1-10题： 听后重复

第二部分

第11-12题：看图说话

11. （2分钟）

12. （2分钟）

第三部分

第 13-14 题：回答问题

13. 你有什么爱好？请谈一下它对你的影响。（2 分钟）

　　Nǐ yǒu shén me ài hào? Qǐng tán yí xià tā duì nǐ de yǐng xiǎng.

14. 你怎么看待早期留学？（2 分钟）

　　Nǐ zěn me kàn dài zǎo qī liú xué?

新汉语水平考试

HSK 口试（中级）2

注 意

一、HSK 口试（中级）分为三部分：

　　1. 听后重复（10题，5分钟）

　　2. 看图说话（2题，4分钟）

　　3. 回答问题（2题，4分钟）

二、全部考试约23分钟（含准备时间10分钟）。

第一部分

第 1-10 题： 听后重复

第二部分

第 11-12 题：看图说话

11.（2 分钟）

12.（2 分钟）

第三部分

第 13-14 题：回答问题

13. 请介绍一个对你影响最大的人。（2 分钟）

Qǐng jiè shào yī gè duì nǐ yǐng xiǎng zuì dà de rén.

14. 每个人对成功都有自己的看法，请谈一下你的看法。（2 分钟）

Měi gè rén duì chéng gōng dōu yǒu zì jǐ de kàn fǎ, qǐng tán yí xià nǐ de kàn fǎ.

新汉语水平考试

HSK 口试（中级）3

注　意

一、HSK 口试（中级）分为三部分：

　　1. 听后重复（10题，5分钟）

　　2. 看图说话（2题，4分钟）

　　3. 回答问题（2题，4分钟）

二、全部考试约23分钟（含准备时间10分钟）。

梦想中国语 模拟考试

第一部分

第1-10题: 听后重复

第二部分

第11-12题：看图说话

11.（2分钟）

12.（2分钟）

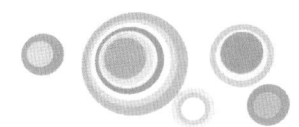

第三部分

第 13-14 题：回答问题

13. 请介绍一次你最难忘的旅游经历。（2 分钟）

Qǐng jiè shào yí cì nǐ zuì nán wàng de lǚ yóu jīng lì.

14. 人们常说："活到老，学到老"，你怎么看待这句话？（2 分钟）

Rén men cháng shuō:"Huó dào lǎo, xué dào lǎo", nǐ zěn me kàn dài zhè jù huà?

新汉语水平考试

HSK 口试（中级）4

注 意

一、HSK 口试（中级）分为三部分：

1. 听后重复（10题，5分钟）

2. 看图说话（2题，4分钟）

3. 回答问题（2题，4分钟）

二、全部考试约23分钟（含准备时间10分钟）。

第一部分

第1-10题：听后重复

第二部分

第11-12题：看图说话

11.（2分钟）

12.（2分钟）

第三部分

第 13-14 题：回答问题

13. 你经常上网吗？你一般上网做什么？（2分钟）

Nǐ jīng cháng shàng wǎng ma? Nǐ yì bān shàng wǎng zuò shén me?

14. 你觉得什么样的老师是好老师？（2分钟）

Nǐ jué de shén me yàng de lǎo shī shì hǎo lǎo shī?

新汉语水平考试

HSK 口试（中级）5

注　意

一、HSK 口试（中级）分为三部分：

1. 听后重复（10题，5分钟）

2. 看图说话（2题，4分钟）

3. 回答问题（2题，4分钟）

二、全部考试约23分钟（含准备时间10分钟）。

第一部分

第 1-10 题： 听后重复

第二部分

第 11-12 题：看图说话

11.（2分钟）

12.（2分钟）

第三部分

第 13-14 题：回答问题

13. 请你介绍一下自己的优点。（2分钟）

    Qǐng nǐ jiè shào yí xià zì jǐ de yōu diǎn.

14. 你怎么看待成功是99%的汗水加1%的灵感这句话？（2分钟）

    Nǐ zěn me kàn dài chéng gōng shì 99%de hàn shuǐ jiā 1%de líng gǎn zhè jù huà?

新汉语水平考试

HSK 口试（中级）6

注 意

一、HSK 口试（中级）分为三部分：

　　1. 听后重复（10题，5分钟）

　　2. 看图说话（2题，4分钟）

　　3. 回答问题（2题，4分钟）

二、全部考试约23分钟（含准备时间10分钟）。

第一部分

第1-10题: 听后重复

第二部分

第11-12题: 看图说话

11. （2分钟）

12.（2分钟）

第三部分

第 13-14 题：回答问题

13. 你难过的时候，会做什么？（2分钟）

   Nǐ nán guò de shí hòu, huì zuò shén me?

14. 你对跨国婚姻怎么看？（2分钟）

   Nǐ duì kuà guó hūn yīn zěn me kàn?

新汉语水平考试

HSK 口试（中级）7

注 意

一、HSK 口试（中级）分为三部分：

1. 听后重复（10题，5分钟）

2. 看图说话（2题，4分钟）

3. 回答问题（2题，4分钟）

二、全部考试约23分钟（含准备时间10分钟）。

第一部分

第 1-10 题： 听后重复

第二部分

第 11-12 题：看图说话

11. （2分钟）

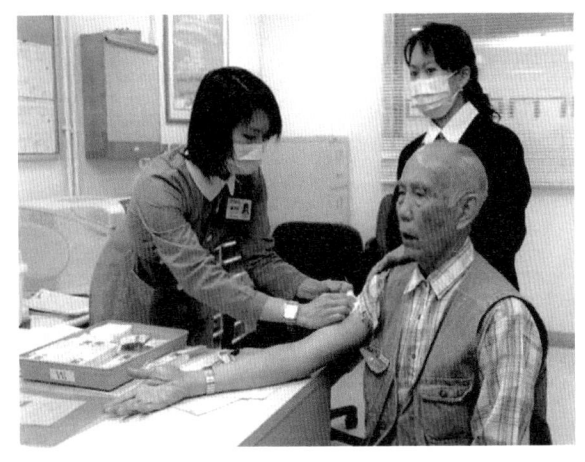

12. （2分钟）

第三部分

第 13-14 题：回答问题

13. 你是一个内向的人还是外向的人，为什么？（2分钟）

　　　Nǐ shì yī gè nèi xiàng de rén hái shì wài xiàng de rén, wèi shén me?

14. 你对减肥是什么态度？为什么？（2分钟）

　　　Nǐ duì jiǎn féi shì shén me tài dù? Wèi shén me?

新汉语水平考试

HSK 口试（中级）8

注　意

一、HSK 口试（中级）分为三部分：

1. 听后重复（10题，5分钟）

2. 看图说话（2题，4分钟）

3. 回答问题（2题，4分钟）

二、全部考试约23分钟（含准备时间10分钟）。

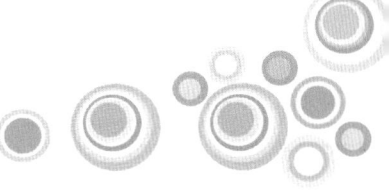

第一部分

第 1-10 题: 听后重复

第二部分

第 11-12 题：看图说话

11. （2 分钟）

12. （2 分钟）

第三部分

第 13-14 题：回答问题

13. 你喜欢做什么样的工作？为什么？（2 分钟）

Nǐ xǐ huān zuò shén me yàng de gōng zuò? Wèi shén me?

14. 请介绍一件最感到自豪的事情。（2 分钟）

Qǐng jiè shào yī jiàn zuì gǎn dào zì háo de shì qíng.

新汉语水平考试

HSK 口试（中级）9

注　意

一、HSK 口试（中级）分为三部分：

　　1. 听后重复（10题，5分钟）

　　2. 看图说话（2题，4分钟）

　　3. 回答问题（2题，4分钟）

二、全部考试约23分钟（含准备时间10分钟）。

第一部分

第1-10题： 听后重复

第二部分

第11-12题：看图说话

11. （2分钟）

12. （2分钟）

第三部分

第 13-14 题：回答问题

13. 如果给你1亿人民币，你会怎么花？（2分钟）

　　Rú guǒ gěi nǐ 1 kuài yì rén mín bì, nǐ huì zěn me huā?

14. 你喜欢看新闻吗？ 为什么？（2分钟）

　　Nǐ xǐ huān kàn xīn wén ma? Wèi shén me?

新汉语水平考试

HSK 口试（中级）10

注 意

一、HSK 口试（中级）分为三部分：

    1. 听后重复（10题，5分钟）

    2. 看图说话（2题，4分钟）

    3. 回答问题（2题，4分钟）

二、全部考试约23分钟（含准备时间10分钟）。

第一部分

第 1-10 题： 听后重复

第二部分

第 11-12 题：看图说话

11. （2 分钟）

12. （2 分钟）

第三部分

第 13-14 题：回答问题

13. 你喜欢看什么电视节目？（2 分钟）

　　　　Nǐ xǐ huān kàn shén me diàn shì jié mù?

14. 如果给你 7 天假期？你怎么安排？（2 分钟）

　　　　Rú guǒ gěi nǐ 7 tiān jià qī? Nǐ zěn me ān pái?

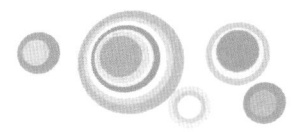

新汉语水平考试

HSK 口试（中级）11

注 意

一、HSK 口试（中级）分为三部分：

　　1. 听后重复（10题，5分钟）

　　2. 看图说话（2题，4分钟）

　　3. 回答问题（2题，4分钟）

二、全部考试约23分钟（含准备时间10分钟）。

梦想中国语 模拟考试

第一部分

第 1-10 题： 听后重复

第二部分

第 11-12 题：看图说话

11. （2分钟）

12. （2分钟）

第三部分

第 13-14 题：回答问题

13. 你最喜欢的运动是什么？（2分钟）

  Nǐ zuì xǐ huān de yùn dòng shì shén me?

14. 如果朋友和你约会迟到了，你会怎么办？（2分钟）

  Rú guǒ péng you hé nǐ yuē huì chí dào le, nǐ huì zěn me bàn?

新汉语水平考试

HSK 口试（中级）12

注 意

一、HSK 口试（中级）分为三部分：

1. 听后重复（10题，5分钟）

2. 看图说话（2题，4分钟）

3. 回答问题（2题，4分钟）

二、全部考试约23分钟（含准备时间10分钟）。

第一部分

第 1-10 题： 听后重复

第二部分

第 11-12 题：看图说话

11. （2 分钟）

12. （2 分钟）

第三部分

第 13-14 题：回答问题

13. 你喜欢跟什么样的人交朋友？（2 分钟）

Nǐ xǐ huān gēn shén me yàng de rén jiāo péng you?

14. 有人说"结果比过程更重要"，你怎么看？（2 分钟）

Yǒu rén shuō "jié guǒ bǐ guò chéng gèng zhòng yào", nǐ zěn me kàn?

新汉语水平考试

HSK 口试（中级）13

注　意

一、HSK 口试（中级）分为三部分：

　　1. 听后重复（10题，5分钟）

　　2. 看图说话（2题，4分钟）

　　3. 回答问题（2题，4分钟）

二、全部考试约23分钟（含准备时间10分钟）。

梦想中国语 模拟考试

第一部分

第 1-10 题： 听后重复

第二部分

第 11-12 题：看图说话

11. （2分钟）

12. （2分钟）

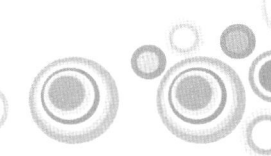

第三部分

第 13-14 题：回答问题

13. 请介绍一件让你觉得快乐的事情。（2 分钟）

Qǐng jiè shào yī jiàn ràng nǐ jué de kuài lè de shì qíng.

14. 你同意中学生出国留学吗？为什么？（2 分钟）

Nǐ tóng yì zhōng xué shēng chū guó liú xué ma? Wèi shén me?

新汉语水平考试

HSK 口试（中级）14

注 意

一、HSK 口试（中级）分为三部分：

1. 听后重复（10题，5分钟）

2. 看图说话（2题，4分钟）

3. 回答问题（2题，4分钟）

二、全部考试约23分钟（含准备时间10分钟）。

第一部分

第 1-10 题： 听后重复

第二部分

第 11-12 题：看图说话

11. （2 分钟）

12. （2 分钟）

第三部分

第 13-14 题：回答问题

13. 你怎么缓解自己的压力？（2 分钟）

    Nǐ zěn me huǎn jiě zì jǐ de yā lì?

14. 你觉得什么样的老师是好老师？为什么？（2 分钟）

    Nǐ jué de shén me yàng de lǎo shī shì hǎo lǎo shī? Wèi shén me?

新汉语水平考试

HSK 口试（中级）15

注　意

一、HSK 口试（中级）分为三部分：

1. 听后重复（10题，5分钟）

2. 看图说话（2题，4分钟）

3. 回答问题（2题，4分钟）

二、全部考试约23分钟（含准备时间10分钟）。

梦想中国语 模拟考试

第一部分

第1-10题： 听后重复

第二部分

第11-12题：看图说话

11. （2分钟）

12. （2分钟）

第三部分

第 13-14 题：回答问题

13. 你经常用手机做什么？（2分钟）

Nǐ jīng cháng yòng shǒu jī zuò shén me?

14. 有人说"办法总比问题多"，你怎么看？（2分钟）

Yǒu rén shuō "bàn fǎ zǒng bǐ wèn tí duō", nǐ zěn me kàn?

新汉语水平考试

HSK 口试（中级）16

注　意

一、HSK 口试（中级）分为三部分：

1. 听后重复（10题，5分钟）

2. 看图说话（2题，4分钟）

3. 回答问题（2题，4分钟）

二、全部考试约23分钟（含准备时间10分钟）。

第一部分

第1-10题: 听后重复

第二部分

第11-12题：看图说话

11.（2分钟）

12.（2分钟）

第三部分

第 13-14 题：回答问题

13. 你经常用电脑做什么？（2分钟）

　　　Nǐ jīng cháng yòng diàn nǎo zuò shén me?

14. 请谈一下手机的好处和坏处。（2分钟）

　　　Qǐng tán yí xià shǒu jī de hǎo chù hé huài chu.

新汉语水平考试

HSK 口试（中级）17

注　意

一、HSK 口试（中级）分为三部分：

　　1. 听后重复（10题，5分钟）

　　2. 看图说话（2题，4分钟）

　　3. 回答问题（2题，4分钟）

二、全部考试约23分钟（含准备时间10分钟）。

第一部分

第 1-10 题： 听后重复

第二部分

第 11-12 题：看图说话

11. （2 分钟）

12. （2 分钟）

第三部分

第 13-14 题：回答问题

13. 你一般和朋友在哪里见面？（2 分钟）

　　　Nǐ yì bān hé péng you zài nǎ lǐ jiàn miàn?

14. 你喜欢听什么音乐？请介绍一下。（2 分钟）

　　　Nǐ xǐ huān tīng shén me yīn yuè? Qǐng jiè shào yí xià.

新汉语水平考试

HSK 口试（中级）18

注　意

一、HSK 口试（中级）分为三部分：

　　1. 听后重复（10 题，5 分钟）

　　2. 看图说话（2 题，4 分钟）

　　3. 回答问题（2 题，4 分钟）

二、全部考试约 23 分钟（含准备时间 10 分钟）。

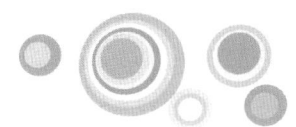

第一部分

第1-10题： 听后重复

第二部分

第11-12题：看图说话

11. （2分钟）

12. （2分钟）

第三部分

第 13-14 题：回答问题

13. 你去过中国吗？（2分钟）

Nǐ qù guò zhōng guó ma?

14. 请介绍一下你的好朋友。（2分钟）

Qǐng jiè shào yí xià nǐ de hǎo péng you.

新汉语水平考试

HSK 口试（中级）19

注　意

一、HSK 口试（中级）分为三部分：

　　1. 听后重复（10题，5分钟）

　　2. 看图说话（2题，4分钟）

　　3. 回答问题（2题，4分钟）

二、全部考试约23分钟（含准备时间10分钟）。

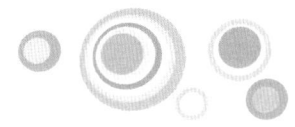

第一部分

第1-10题： 听后重复

第二部分

第11-12题：看图说话

11. （2分钟）

12. （2分钟）

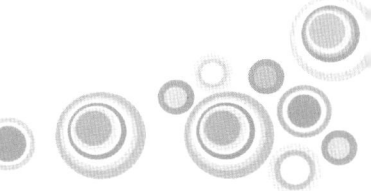

第三部分

第 13-14 题：回答问题

13. 你有出国旅游的经历吗？谈谈感受。（2分钟）

Nǐ yǒu chū guó lǚ yóu de jīng lì ma? Tán tán gǎn shòu.

14. 请谈一谈自己生命中最重要的那个人。（2分钟）

Qǐng tán yì tán zì jǐ shēng mìng zhòng zuì zhòng yào dì nà gè rén.

新汉语水平考试

HSK 口试（中级）20

注 意

一、HSK 口试（中级）分为三部分：

    1. 听后重复（10题，5分钟）

    2. 看图说话（2题，4分钟）

    3. 回答问题（2题，4分钟）

二、全部考试约23分钟（含准备时间10分钟）。

第一部分

第1-10题： 听后重复

第二部分

第11-12题：看图说话

11.（2分钟）

12.（2分钟）

第三部分

第 13-14 题：回答问题

13. 你对女生喜欢改变自己的发色有什么看法？（2 分钟）

    Nǐ duì nǚ shēng xǐ huān gǎi biàn zì jǐ de fà sè yǒu shén me kàn fǎ?

14. 你说一说自己为环境保护做了哪些贡献？（2 分钟）

    Nǐ shuō yi shuō zì jǐ wèi huán jìng bǎo hù zuò le nǎxiē gòng xiàn?

新汉语水平考试

HSK 口试（中级）21

注　意

一、HSK 口试（中级）分为三部分：

1. 听后重复（10题，5分钟）

2. 看图说话（2题，4分钟）

3. 回答问题（2题，4分钟）

二、全部考试约23分钟（含准备时间10分钟）。

梦想中国语 模拟考试

第一部分

第 1-10 题： 听后重复

第二部分

第 11-12 题：看图说话

11. （2分钟）

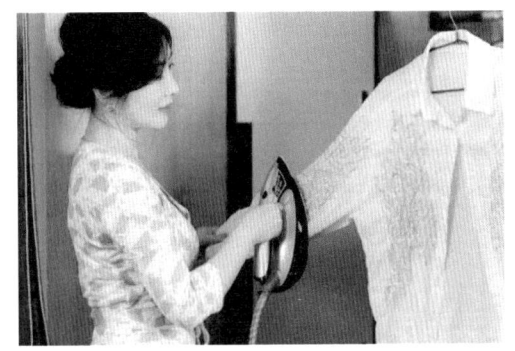

12. （2分钟）

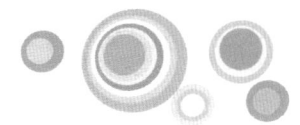

第三部分

第 13-14 题：回答问题

13. 有人说"早睡早起，身体健康"你怎么看？（2 分钟）

      Yǒu rén shuō "zǎo shuì zǎo qǐ, shēn tǐ jiàn kāng" nǐ zěn me kàn?

14. 你家里谁喜欢喝酒？（2 分钟）

      Nǐ jiā li shéi xǐ huān hē jiǔ?

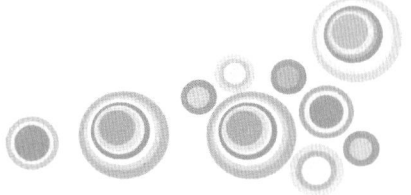

新汉语水平考试

HSK 口试（中级）22

注　意

一、HSK 口试（中级）分为三部分：

　　1. 听后重复（10题，5分钟）

　　2. 看图说话（2题，4分钟）

　　3. 回答问题（2题，4分钟）

二、全部考试约23分钟（含准备时间10分钟）。

第一部分

第 1-10 题： 听后重复

第二部分

第 11-12 题：看图说话

11. （2分钟）

12. （2分钟）

第三部分

第 13-14 题：回答问题

13. 你周末一般会做什么？（2分钟）

Nǐ zhōu mò yì bān huì zuò shén me?

14. 你和朋友在一起时，一般做什么？（2分钟）

Nǐ hé péng you zài yì qǐ shí, yì bān zuò shén me?

新汉语水平考试

HSK 口试（中级）23

注　意

一、HSK 口试（中级）分为三部分：

1. 听后重复（10题，5分钟）

2. 看图说话（2题，4分钟）

3. 回答问题（2题，4分钟）

二、全部考试约23分钟（含准备时间10分钟）。

第一部分

第 1-10 题： 听后重复

第二部分

第 11-12 题：看图说话

11. （2分钟）

12. （2分钟）

第三部分

第 13-14 题：回答问题

13. 你上个假期去做了什么？（2分钟）

　　Nǐ shàng gè jià qī qù zuò le shén me?

14. 你满意自己现在的生活吗？为什么？（2分钟）

　　Nǐ mǎn yì zì jǐ xiàn zài de shēng huó ma? Wèi shén me?

新汉语水平考试

HSK 口试（中级）24

注　意

一、HSK 口试（中级）分为三部分：

　　1. 听后重复（10题，5分钟）

　　2. 看图说话（2题，4分钟）

　　3. 回答问题（2题，4分钟）

二、全部考试约23分钟（含准备时间10分钟）。

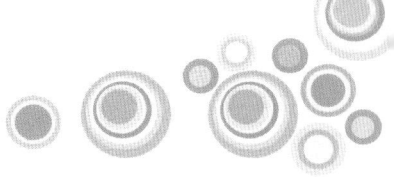

第一部分

第 1-10 题： 听后重复

第二部分

第 11-12 题：看图说话

11．（2 分钟）

12．（2 分钟）

第 13-14 题：回答问题

13. 如果给你一次出国旅游的机会，你会去哪里？为什么？（2分钟）

Rú guǒ gěi nǐ yí cì chū guó lǚ yóu de jī huì, nǐ huì qù nǎ lǐ? Wèi shén me?

14. 中国人给你的印象是什么？（2分钟）

Zhōng guó rén gěi nǐ de yìn xiàng shì shén me?

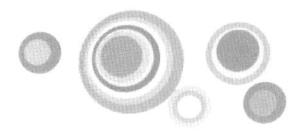

新汉语水平考试

HSK 口试（中级）25

注　意

一、HSK 口试（中级）分为三部分：

1. 听后重复（10题，5分钟）

2. 看图说话（2题，4分钟）

3. 回答问题（2题，4分钟）

二、全部考试约23分钟（含准备时间10分钟）。

第一部分

第 1-10 题： 听后重复

第二部分

第 11-12 题：看图说话

11. （2分钟）

12. （2分钟）

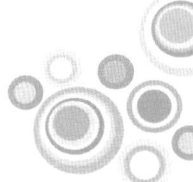

第三部分

第 13-14 题：回答问题

13. 你喜欢吃中国的食物吗？什么食物？为什么？（2分钟）

Nǐ xǐ huān chī zhōng guó de shí wù ma? Shén me shí wù? Wèi shén me?

14. 你最深刻的童年记忆是什么？（2分钟）

Nǐ zuì shēn kè de tóng nián jì yì shì shén me?

新汉语水平考试

HSK 口试（中级）26

注　意

一、HSK 口试（中级）分为三部分：

　　1. 听后重复（10题，5分钟）

　　2. 看图说话（2题，4分钟）

　　3. 回答问题（2题，4分钟）

二、全部考试约23分钟（含准备时间10分钟）。

第一部分

第 1-10 题： 听后重复

第二部分

第 11-12 题：看图说话

11．（2分钟）

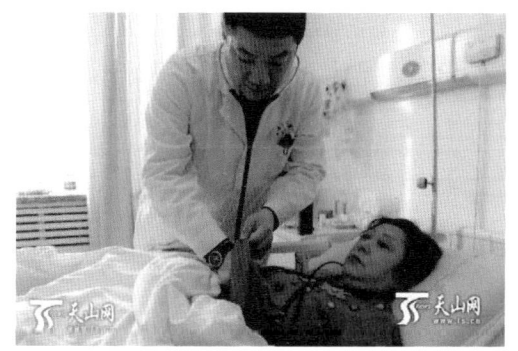

12．（2分钟）

第三部分

第 13-14 题：回答问题

13. 你最喜欢吃的韩国食物是什么？为什么？（2分钟）

   Nǐ zuì xǐ huān chī de hán guó shí wù shì shén me? Wèi shén me?

14. 你最喜欢的运动选手是谁？为什么？（2分钟）

   Nǐ zuì xǐ huān de yùn dòng xuǎn shǒu shì shéi? Wèi shén me?

新汉语水平考试

HSK 口试（中级）27

注　意

一、HSK 口试（中级）分为三部分：

　　1. 听后重复（10题，5分钟）

　　2. 看图说话（2题，4分钟）

　　3. 回答问题（2题，4分钟）

二、全部考试约23分钟（含准备时间10分钟）。

第一部分

第 1-10 题：听后重复

第二部分

第 11-12 题：看图说话

11．（2 分钟）

12．（2 分钟）

第三部分

第 13-14 题：回答问题

13. 你的理想职业是什么？为什么？（2 分钟）

Nǐ de lǐ xiǎng zhí yè shì shén me? Wèi shén me?

14. 你为什么要学中文？（2 分钟）

Nǐ wèi shén me yào xué zhōng wén?

新汉语水平考试

HSK 口试（中级）28

注　意

一、HSK 口试（中级）分为三部分：

　　1. 听后重复（10题，5分钟）

　　2. 看图说话（2题，4分钟）

　　3. 回答问题（2题，4分钟）

二、全部考试约23分钟（含准备时间10分钟）。

第一部分

第 1-10 题： 听后重复

第二部分

第 11-12 题：看图说话

11．（2分钟）

12．（2分钟）

第三部分

第 13-14 题：回答问题

13. 你喜欢养宠物吗？为什么？（2 分钟）

　　　　Nǐ xǐ huān yǎng chǒng wù ma? Wèi shén me?

14. 你喜欢看什么类型的电影？（2 分钟）

　　　　Nǐ xǐ huān kàn shén me lèi xíng de diàn yǐng?

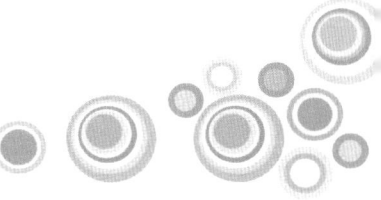

新汉语水平考试

HSK 口试（中级）29

注 意

一、HSK 口试（中级）分为三部分：

　　1. 听后重复（10题，5分钟）

　　2. 看图说话（2题，4分钟）

　　3. 回答问题（2题，4分钟）

二、全部考试约23分钟（含准备时间10分钟）。

第一部分

第 1-10 题： 听后重复

第二部分

第 11-12 题：看图说话

11. （2分钟）

12. （2分钟）

第三部分

第 13-14 题：回答问题

13. 你将来有打算去中国旅游吗？为什么？（2分钟）

   Nǐ jiāng lái yǒu dǎ suàn qù zhōng guó lǚ yóu ma? Wèi shén me?

14. 你最喜欢的演员是谁？为什么？（2分钟）

   Nǐ zuì xǐ huān de yǎn yuán shì shéi? Wèi shén me?

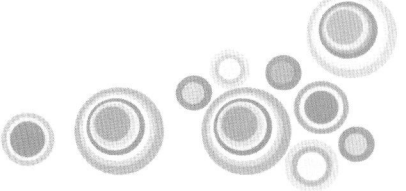

新汉语水平考试

HSK 口试（中级）30

注　意

一、HSK 口试（中级）分为三部分：

　　1. 听后重复（10题，5分钟）

　　2. 看图说话（2题，4分钟）

　　3. 回答问题（2题，4分钟）

二、全部考试约23分钟（含准备时间10分钟）。

第一部分

第 1-10 题： 听后重复

第二部分

第 11-12 题：看图说话

11.（2分钟）

12. （2分钟）

第三部分

第 13-14 题：回答问题

13. 谈一谈对夏天的印象。（2分钟）

　　　　Tán yì tán duì xià tiān de yìn xiàng.

14. 你会为了保持身体健康选择健康食品吗？（2分钟）

　　　　Nǐ huì wèi le bǎo chí shēn tǐ jiàn kāng xuǎn zé jiàn kāng shí pǐn ma?

<HSKK 중급 모의고사 1> 모범 답안

	원문	병음	의미
1	我每天坐地铁去上班。	Wǒ měi tiān zuò dì tiě qù shàng bān.	저는 매일 지하철을 타고 출근해요.
2	他是我以前的邻居。	Tā shì wǒ yǐ qián de lín jū.	그 분이 저의 이웃이에요.
3	如果明天不下雨就好了。	Rú guǒ míng tiān bú xià yǔ jiù hǎo le.	내일 비가 오지 않았으면 좋겠어요.
4	我觉得蓝色的更好看。	Wǒ jué de lán sè de gèng hǎo kàn.	저는 푸른색이 더 예쁘다고 생각해요.
5	你等一下，我马上就来。	Nǐ děng yí xià, wǒ mǎ shàng jiù lái.	잠시만요, 제가 금방 올게요.
6	李经理的办公室在对面。	Lǐ jīng lǐ de bàn gōng shì zài duì miàn.	이 사장님의 사무실은 맞은 편에 있어요.
7	她对自己的收入很满意。	Tā duì zì jǐ de shōu rù hěn mǎn yì.	그녀는 자신의 수입에 대해 만족해요.
8	植物离不开阳光、空气和水。	Zhí wù lí bù kāi yáng guāng, kōng qì hé shuǐ.	식물은 햇빛, 공기와 물을 필요해요.
9	你点的这个菜真辣。	Nǐ diǎn de zhè ge cài zhēn là.	당신이 시킨 이 요리는 정말 맵네요.
10	对不起，这里禁止抽烟。	Duì bu qǐ, zhè lǐ jìn zhǐ chōu yān.	실례하지만 여기는 금연 구역이에요.

11. 刘老师是我的中文老师。她今年30岁，个子很高，皮肤很白，她长得不胖也不瘦。她的中文说得很好，因为她是中国人。她的韩国语也说得很好，因为她在韩国住了十几年了。我3年前开始学习中文，那时我来到梦想中国语学院学习，在这里认识了刘老师。她很亲切，教中文也很棒。我很喜欢刘老师。刘老师有很多爱好，她很喜欢看报纸，她每天早上上班之后做的第一件事情是读报纸，读报纸的时候她很开心。除了韩语报纸，她还喜欢读中文报纸。

Liú lǎo shī shì wǒ de zhōng wén lǎo shī. Tā jīn nián 30 suì, gè zi hěn gāo, pí fū hěn bái, tā zhǎng de bú pàng yě bú shòu. Tā de zhōng wén shuō de hěn hǎo, yīn wèi tā shì zhōng guó rén. Tā de hán guó yǔ yě shuō de hěn hǎo, yīn wèi tā zài hán guó zhù le shí jǐ nián le. Wǒ 3 nián qián kāi shǐ xué xí zhōng wén, nà shí wǒ lái dào mèng xiǎng zhōng guó yǔ xué yuàn xué xí, zài zhè lǐ rèn shì le liú lǎo shī. Tā hěn qīn qiè, jiāo zhōng wén yě hěn bàng. Wǒ hěn xǐ huān liú lǎo shī. Liú lǎo shī yǒu hěn duō ài hào, tā hěn xǐ huān kàn bào zhǐ, tā měi tiān zǎo shang shàng bān zhī hòu zuò de dì yī jiàn shì qíng shì dú bào zhǐ, dú bào zhǐ de shí hòu tā hěn kāi xīn. Chú le hán yǔ bào zhǐ, tā hái xǐ huān dú zhōng wén bào zhǐ.

해석: 류 선생님은 저의 중국어 선생님이다. 그녀는 올해 30살이고 키가 크다. 그녀의 피부가 하얗고 몸매는 뚱뚱하지도 않고 마르지도 않다. 그녀는 중국어를 아주 잘 한다. 왜냐하면 그녀는 중국인이기 때문이다. 그녀는 한국어도 잘한다. 왜냐하면 그녀는 한국에서 십여 년을 살았기 때문이다. 저는 3년 전에 중국어를 배우기 시작했다. 그 때 드림중국어학원을 찾아 이 곳에서 류 선생님을 알게 되었다. 그녀는 매우 친절하고 중국어를 가르치는 것도 매우 잘 한다. 저는 류 선생님을 매우 좋아한다. 류 선생님은 많은 취미가 있다. 그녀가 신문을 즐겨 보기 때문에 매일 아침 출근 후에 하는 첫 번째 일은 바로 신문을 읽는 것이다. 그녀는 신문을 읽을 때 아주 즐거워하신다. 그녀는 한국어 신문 이외에 중국어 신문도 즐겨 읽는다.

12. 图片里的这个人叫兰兰。她是一个公司职员，她是我的朋友。我们经常见面。她大学毕业后就工作了，她在一家电子公司工作。她的工作非常忙，经常加班。读大学的时候，她经常读书、看报。但是工作以后，她就没有时间读书了。不过最近他们公司放了8天假，因为要过中秋节。兰兰打算这段时间回家看看爸爸

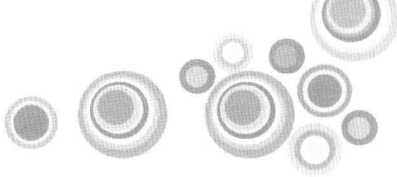

和妈妈，还打算见朋友。她还买了很多书，计划休假期间读完 10 本书。我跟她打电话的时候，她告诉我已经读完了《春秋战国》这本书，并推荐我读一下。

Tú piàn lǐ de zhè gè rén jiào lán lan. Tā shì yí gè gōng sī zhí yuán, tā shì wǒ de péng you. Wǒ men jīng cháng jiàn miàn. Tā dà xué bì yè hòu jiù gōng zuò le, tā zài yì jiā diàn zǐ gōng sī gōng zuò. Tā de gōng zuò fēi cháng máng, jīng cháng jiā bān. Dú dà xué de shí hòu, tā jīng cháng dú shū, kàn bào. Dàn shì gōng zuò yǐ hòu, tā jiù méi yǒu shí jiān dú shū le. Bú guò zuì jìn tā men gōng sī fàng le 8 tiān jià, yīn wèi yào guò zhōng qiū jié. Lán lan dǎ suàn zhè duàn shí jiān huí jiā kàn kàn bà ba hé mā ma, hái dǎ suàn jiàn péng you. Tā hái mǎi le hěn duō shū, jì huà xiū jià qī jiān dú wán 10 běn shū. Wǒ gēn tā dǎ diàn huà de shí hòu, tā gào sù wǒ yǐ jīng dú wán le "chūn qiū zhàn guó" zhè běn shū, bìng tuī jiàn wǒ dú yí xià.

해석: 사진 속의 이 사람은 란란이다. 그녀는 회사원이고 저의 친구다. 우리는 자주 만난다. 그녀는 대학을 졸업한 후에 일을 시작했고 전자 회사에서 근무해 왔다. 그녀의 일은 매우 바빠서 늘 야근을 한다. 대학교에 다닐 때 그녀는 늘 책을 읽고 신문을 읽었다. 그러나 일을 시작한 후 그녀는 책을 읽을 시간이 없었다. 그런데 최근에 그녀의 회사는 추석을 보내기 위해 8일간의 휴가를 줬다. 란란은 이 시간에 집에 가서 아빠와 엄마를 보고 친구를 만날 계획이다. 그녀는 또한 책을 많이 사서 휴가 기간에 책 열 권을 읽을 계획이다. 제가 그녀와 통화했을 때 그녀는 저에게 이미 《춘추전국》을 다 읽었다고 말했다. 저에게도 한번 읽으라고 추천해 주었다.

13. 你有什么爱好？请谈一下它对你的影响。

我以前最想做一个小说家，因为我很喜欢读小说。小说带给我们一个丰富的情感世界，小说里面有为人处事的道理，还有亲情、爱情和友情等感人的故事，我们能通过小说体会到不同的人生。所以我也希望成为一名小说家，将我的小说故事告诉更多的读者。

但是，现实是残酷的，我不能通过写小说挣更多的钱养家，所以我不得不放弃这个梦想，而选择了去公司工作。虽然我没有成为一名小说家，但是我非常喜欢读小说，每天下班后会读读小说，丰富精神世界。

Wǒ yǐ qián zuì xiǎng zuò yí gè xiǎo shuō jiā, yīn wèi wǒ hěn xǐ huān dú xiǎo shuō. Xiǎo shuō dài gěi wǒ men yí gè fēng fù de qíng gǎn shì jiè, xiǎo shuō lǐ miàn yǒu wéi rén chǔ shì de dào lǐ, hái yǒu qīn qíng, ài qíng hé yǒu qíng děng gǎn rén de gù shì, wǒ men néng tōng guò xiǎo shuō tǐ huì dào bù tóng de rén shēng. Suǒ yǐ wǒ yě xī wàng chéng wéi yì míng xiǎo shuō jiā, jiāng wǒ de xiǎo shuō gù shì gào sù gèng duō de dú zhě.

Dàn shì, xiàn shí shì cán kù de, wǒ bù néng tōng guò xiě xiǎo shuō zhēng gèng duō de qián yǎng jiā, suǒ yǐ wǒ bù dé bù fàng qì zhè ge mèng xiǎng, ér xuǎn zé le qù gōng sī gōng zuò. Suī rán wǒ méi yǒu chéng wéi yì míng xiǎo shuō jiā, dàn shì wǒ fēi cháng xǐ huān dú xiǎo shuō, měi tiān xià bān hòu huì dú du xiǎo shuō, fēng fù jīng shén shì jiè.

해석: 어떤 취미가 있어요? 이 취미가 당신에게 미친 영향을 얘기해 보세요.

저는 예전부터 소설가가 되고 싶었어요. 왜냐하면 저는 소설책 읽기를 매우 좋아하기 때문이에요. 소설은 우리에게 풍부한 감정의 세계를 주고 소설에는 인간의 처신에 대한 도리, 애정과 우정 등 감동적인 이야기를 담고 있어요. 소설을 통해서 서로 다른 인생사를 경험할 수 있어요. 그래서 저도 소설가가 되고 싶었어요. 제 얘기를 더 많은 사람한테 알려 주고 싶었어요.

하지만 현실은 가혹해요. 저는 소설을 통해서 돈을 못 벌기 때문에 이 꿈을 포기할 수 밖에 없었어요. 그 대신에 회사에 갔어요. 비록 소설가가 못 됐지만 소설을 매우 좋아해서 매일 퇴근 후 소설을 읽고 제 정신 세상을 풍부하게 해요.

14. 你怎么看待早期留学？

梦想中国语 模拟考试

我是一个韩国人，我们国家很多有名的人都去留学过。现在很多有名的大学比如首尔大学，如果没有美国留学经历，就不能做教授。早年时期，能够去国外见识见识，多学习，是很好的一段经历。

但另一方面，如果单纯地想去国外镀金，我觉得是不理智的。如果是我，我希望我的孩子大学毕业后，去国外留学。我不赞成太早去国外，因为孩子的价值观还没有完善，而且孩子自己在国外，我会不放心。

所以，我不太同意早期留学。

Wǒ shì yí gè hán guó rén, wǒ men guó jiā hěn duō yǒu míng de rén dōu qù liú xué guò. Xiàn zài hěn duō yǒu míng de dà xué bǐ rú shǒu ěr dà xué, rú guǒ méi yǒu měi guó liú xué jīng lì, jiù bù néng zuò jiào shòu. Zǎo nián shí qī, néng gòu qù guó wài jiàn shi jiàn shi, duō xué xí, shì hěn hǎo de yí duàn jīng lì.

Dàn lìng yì fāng miàn, rú guǒ dān chún de xiǎng qù guó wài dù jīn, wǒ jué de shì bù lǐ zhì de. Rú guǒ shì wǒ, wǒ xī wàng wǒ de hái zi dà xué bì yè hòu, qù guó wài liú xué. Wǒ bú zàn chéng tài zǎo qù guó wài, yīn wèi hái zi de jià zhí guān hái méi yǒu wán shàn, ér qiě hái zǐ zì jǐ zài guó wài, wǒ huì bú fàng xīn.

Suǒ yǐ, wǒ bú tài tóng yì zǎo qī liú xué.

해석: 조기유학에 대해 어떻게 생각해요?

저는 한국 사람이에요. 우리 나라의 많은 유명한 사람들은 다 유학을 갔다 왔어요. 서울대학교처럼 미국 유학 경험이 없으면 교수가 될 수 없는 대학이 많아요. 젊은 시절에 외국에 가서 견문을 넓히고 공부를 많이 할 수 있어서 좋은 경험이라고 생각해요.

그러나 다른 한편으로는 단순히 외국에서 충전하고 싶다면 지혜로운 것이 아니라고 생각해요. 저 같으면 제 아이가 대학을 졸업한 후에 외국으로 유학을 가기를 바래요. 저는 너무 일찍 외국에 가는 것을 찬성하지 않아요. 왜냐하면 아이의 가치관이 아직 완성되지 못 했기 때문이에요. 그리고 아이가 혼자서 외국에 가 있으면 많이 걱정돼요.

그래서 저는 조기유학에 그다지 동의하지 않아요.

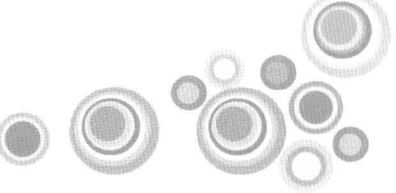

<HSKK 중급 모의고사 2> 모범 답안

	원문	병음	의미
1	现在已经是夏天了。	Xiàn yǐ jīng shì xià tiān le.	지금 벌써 여름이에요.
2	这些练习题都比较简单。	Zhè xiē liàn xí tí dōu bǐ jiào jiǎn dān.	이런 연습 문제는 다 비교적으로 쉬워요.
3	我叔叔想去中国旅游。	Wǒ shū shu xiǎng qù zhōng guó lǚ yóu.	삼촌은 중국으로 여행가고 싶어해요.
4	刚才我去银行了。	Gāng cái wǒ qù yín háng le.	아까 저는 은행에 가다왔어요.
5	出去的时候别忘了关空调。	Chū qù de shí hòu bié wàng le guān kōng tiáo.	나갈 때 에어컨을 끄는 것을 잊지 마세요.
6	过程比结果更重要。	Guò chéng bǐ jié guǒ gèng zhòng yào.	과정은 결과보다 더 중요해요.
7	那个司机对当地的环境很熟悉。	Nà gè sī jī duì dāng dì de huán jìng hěn shú xī.	그 기사님은 현지 환경에 대해 익숙하세요.
8	这样做不符合规定。	Zhè yàng zuò bù fú hé guī dìng.	이렇게 하면 규정에 맞지 않아요.
9	那本小说我看过两遍。	Nà běn xiǎo shuō wǒ kàn guò liǎng biàn.	그 소설은 제가 2번 읽었어요.
10	他们俩有很多共同语言。	Tā men liǎ yǒu hěn duō gòng tóng yǔ yán.	두 분이 통하는 거 많아요.

11. 小丽和男朋友经常吵架。男朋友觉得他们俩性格不合适，要和小丽分手。小丽非常伤心。不过，刚才男朋友打电话给小丽，说："我们和好吧。我发现没有你，我什么都做不了。和你在一起的时候，有时候会觉得烦，但是没有你在身边，我做什么都没有意思。我想见你。"挂了电话，小丽非常开心。因为她还爱着男朋友。她和男朋友是在大学一年级的时候认识的，一年级时，她男朋友对她一见钟情，开始追她。大二的时候，她们俩才开始谈恋爱。到现在已经谈了5年了，男朋友像亲人一样。小丽打算打扮一下，一会去见男朋友。

Xiǎo lì hé nán péng you jīng cháng chǎo jià. Nán péng you jué de tā men liǎ xìng gé bù hé shì, yào hé xiǎo lì fēn shǒu. Xiǎo lì fēi cháng shāng xīn. bú guò, gāng cái nán péng you dǎ diàn huà gěi xiǎo lì, shuō:"Wǒ men hé hǎo ba. Wǒ fā xiàn méi yǒu nǐ, wǒ shén me dōu zuò bù liǎo. Hé nǐ zài yì qǐ de shí hòu, yǒu shí hòu huì jué de fán, dàn shì méi yǒu nǐ zài shēn biān, wǒ zuò shén me dōu méi yǒu yì si. Wǒ xiǎng jiàn nǐ." Guà le diàn huà, xiǎo lì fēi cháng kāi xīn. Yīn wèi tā hái ài zhe nán péng you. Tā hé nán péng you shì zài dà xué yī nián jí de shí hòu rèn shi de, yī nián jí shí, tā nán péng you duì tā yí jiàn zhōng qíng, kāi shǐ zhuī tā. Dà èr de shí hòu, tā men liǎ cái kāi shǐ tán liàn'ài. Dào xiàn zài yǐ jīng tán le 5 nián le, nán péng you xiàng qīn rén yí yàng. Xiǎo lì dǎ suàn dǎ bàn yí xià, yí huì r qù jiàn nán péng you.

해석: 샤오리는 남자 친구와 자주 싸운다. 남자 친구는 두 사람의 성격이 맞지 않다고 느껴서 샤오리와 헤어지려고 한다. 샤오리는 매우 슬퍼했다. 그런데 방금 남자 친구가 샤오리에게 전화를 걸었다. "우리 화해하자. 나는 네가 없으면 아무것도 할 수 없다는 것을 알았어. 너와 함께 있을 때는 짜증이 나기도 하지만 네가 곁에 없으면 난 뭘 해도 재미 없어. 나는 너를 만나고 싶어."라고 말했다. 전화를 끊자 샤오리는 매우 기뻐했다. 왜냐하면 그녀는 여전히 남자 친구를 사랑하기 때문이다. 그녀는 남자 친구와 대학 1학년 때 만났다. 1학년 때 그녀의 남자친구가 그녀한테 첫 눈에 반해 그녀를 쫓아 다니기 시작했다. 2학년이 됐을 때 그 둘은 비로소 연애하기 시작했다. 이제껏 5년을 사귀었는데 남자 친구는 이제 가족과 같다. 샤오리는 화장한 후에 남자 친구를 만나러 갈 것이다.

12. 我没有见过这女生，但是她笑起来真好看，她穿着米色的风衣，戴着眼镜，她用手机给我展示了支付

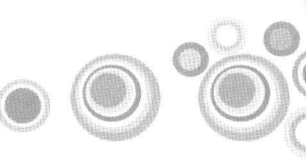

宝，我之前听说过支付宝，是中国现在最方便的一个结算软件，可以绑定银行卡，所以出门不用带现金也不用带银行卡，只需要带手机就可以了，我觉得很神奇，现在连韩国的便利店也可以用这个软件结算了，我使用这个软件，因为将来我想去中国旅游。

Wǒ méi yǒu jiàn guò zhè nǚ shēng, dàn shì tā xiào qǐ lái zhēn hǎo kàn, tā chuān zhe mǐ sè de fēng yī, dài zhe yǎn jìng, tā yòng shǒu jī gěi wǒ zhǎn shì le zhī fù bǎo, wǒ zhī qián tīng shuō guò zhī fù bǎo, shì zhōng guó xiàn zài zuì fāng biàn de yí gè jié suàn ruǎn jiàn, kě yǐ bǎng dìng yín háng kǎ, suǒ yǐ chū mén bú yòng dài xiàn jīn yě bú yòng dài yín háng kǎ, zhǐ xū yào dài shǒu jī jiù kě yǐ le, wǒ jué de hěn shén qí, xiàn zài lián hán guó de biàn lì diàn yě kě yǐ yòng zhè ge ruǎn jiàn jié suàn le, wǒ shǐ yòng zhè ge ruǎn jiàn, yīn wèi jiāng lái wǒ xiǎng qù zhōng guó lǚ yóu.

해석: 저는 이 여자를 본 적이 없는데 그녀가 웃을 때 진짜 예쁘다. 그녀는 베이지색의 코트를 입고 안경을 쓰고 있다. 그녀는 휴대폰으로 저한테 알리페이를 보여 주고 있다. 저도 예전에 알리페이를 들어봤다. 그것은 지금 중국에서 제일 편한 결제앱이란다. 은행카드와 연동할 수 있어서 외출할 때 현금을 안 가지고 다녀도 되고 핸드폰만 있으면 된다. 저는 이것이 매우 신기했다. 지금은 한국의 편의점에서도 이 앱으로 결제가 된다. 저는 이 앱을 사용하고 있다. 왜냐하면 저는 나중에 중국에 여행가고 싶기 때문이다.

13. 请介绍一个对你影响最大的人。

我认为，我的爸爸对我影响最大。我的爸爸是个作家，工作时间非常自由，所以在我小时候，爸爸经常带我出去活动，教我钓鱼，做饭，打篮球，我的童年时光过得非常快乐，而且，还学会了很多技能。长大之后，在学校里和同学们的接触过程中，我发现，因为我会做很多事情，所以同学们都非常喜欢和我做朋友。因为人缘很好，我总是被推选担任各种重要的领导角色。这更加培养我和别人沟通的能力与责任心。上大学之后，爸爸经常带我出国旅游，带我吃各种美食，感受不一样的文化氛围，我深深地感受到世界真的非常大，而且，人与人之间的差异也非常大，让我学会了和不同文化背景的人交流。

直到现在，爸爸对我的影响还存在着，我很喜欢看爸爸写的小说。正因为积极地影响培养了我良好的习惯，才有今天热爱生活的我，我非常感谢我的爸爸。

Wǒ rèn wéi, wǒ de bà ba duì wǒ yǐng xiǎng zuì dà. Wǒ de bà ba shì ge zuò jiā, gōng zuò shí jiān fēi cháng zì yóu, suǒ yǐ zài wǒ xiǎo shí hòu, bà ba jīng cháng dài wǒ chū qù huó dòng, jiāo wǒ diào yú, zuò fàn, dǎ lán qiú, wǒ de tóng nián shí guāng guò de fēi cháng kuài lè, ér qiě, hái xué huì le hěn duō jì néng. Zhǎng dà zhī hòu, zài xué xiào lǐ hé tóng xué men de jiē chù guò chéng zhōng, wǒ fā xiàn, yīn wèi wǒ huì zuò hěn duō shì qíng, suǒ yǐ tóng xué men dōu fēi cháng xǐ huān hé wǒ zuò péng you. yīn wèi rén yuán hěn hǎo, wǒ zǒng shì bèi tuī xuǎn dān rèn gè zhǒng zhòng yào de lǐng dǎo jué sè. Zhè gèng jiā péi yǎng wǒ hé bié rén gōu tōng de néng lì yǔ zé rèn xīn. Shàng dà xué zhī hòu, bà ba jīng cháng dài wǒ chū guó lǚ yóu, dài wǒ chī gè zhǒng měi shí, gǎn shòu bù yí yàng de wén huà fēn wéi, wǒ shēn shēn de gǎn shòu dào shì jiè zhēn de fēi cháng dà, ér qiě, rén yǔ rén zhī jiān de chā yì yě fēi cháng dà, ràng wǒ xué huì le hé bù tóng wén huà bèi jǐng de rén jiāo liú.

Zhí dào xiàn zài, bà ba duì wǒ de yǐng xiǎng hái cún zài zhe, wǒ hěn xǐ huān kàn bà ba xiě de xiǎo shuō. Zhèng yīn wèi jī jí de yǐng xiǎng péi yǎng le wǒ liáng hǎo de xí guàn, cái yǒu jīn tiān rè ài shēng huó de wǒ, wǒ fēi cháng gǎn xiè wǒ de bà ba.

해석: 저의 아버지가 저에게 가장 큰 영향을 끼쳤다고 생각한다. 저희 아버지는 작가로 일하시는데 근무 시간이 자유롭다. 그래서 제가 어렸을 때 아빠가 자주 저를 데리고 나가 야외 활동으로 낚시와 요리, 농구를 가르쳐 주셨다. 그로 인해 저는 어린 시절을 매우 즐겁게 보냈고 또 많은 기술을 배웠다. 성장 후 학교 생활에서 제가 많은 일을 할 수 있기 때문에 친구들은 저와 친구가 되는 것을 매우 좋아한다. 인맥이 좋아서 저는 항상 각종 중요한 지도자로 추천 받는다. 이것은 제가 다른 사람과 소통하는 능력과 책임

감을 더욱 키웠다. 대학 진학 후 아빠는 늘 저를 데리고 외국 여행을 다니면서 다양한 음식을 먹고, 또 서로 다른 문화적인 분위기를 느끼게 해 주셨다. 세상은 정말 엄청 크고 사람마다 차이가 커 다양한 문화 배경의 사람들과 교류하는 법을 배웠다.

지금도 아버지는 저에게 영향을 주시는데 저는 아버지가 쓴 소설책을 보는 것을 매우 좋아한다. 긍정적인 영향을 주고 좋은 습관을 갖게 해 주시고 오늘도 저를 사랑해 주신 아버지께 감사 드린다.

14. 每个人对成功都有自己的看法，请谈一下你的看法。

我认为，成功的标准是不一样的，有些人认为赚了很多钱就是成功，有些人认为，有了权力就是成功，还有些人认为，如果有很多朋友，就算成功。我认为成功是每天可以过得很开心，因为，每天的生活才是当下决定我们自己的事情，如果我赚了很多钱但是每天心情很糟糕，压力很大，那我不觉得这是成功的，因为日积月累身体一定会垮掉，一样的道理，如果我每天过得很开心，那么我就有积极的心态来面对生活的琐事，就算今天真的很忙很累，我也不会因为身体的疲惫或者工作学习的压力来影响自己的心情，我认为这样就算成功。其次，如果我可以每天过得很开心，有一个积极的态度来面对生活，那么很多在别人眼里会产生很大压力的事情，在我眼里就不会那么糟糕。最后，我认为没有人愿意总和负情绪的人做朋友，那么如果我每天都能活得很开心，心态积极乐观，那我的朋友一定很多，这样我每天就能活得更开心。所以我认为，每天过得很开心就是成功。

Wǒ rèn wéi, chéng gōng de biāo zhǔn shì bù yí yàng de, yǒu xiē rén rèn wéi zhuàn le hěn duō qián jiù shì chéng gōng, yǒu xiē rén rèn wéi, yǒu le quán lì jiù shì chéng gōng, hái yǒu xiē rén rèn wéi, rú guǒ yǒu hěn duō péng you, jiù suàn chéng gōng. Wǒ rèn wéi chéng gōng shì měi tiān kě yǐ guò de hěn kāi xīn, yīn wèi, měi tiān de shēng huó cái shì dāng xià jué dìng wǒ men zì jǐ de shì qíng, rú guǒ wǒ zhuàn le hěn duō qián dàn shì měi tiān xīn qíng hěn zāo gāo, yā lì hěn dà, nà wǒ bù jué de zhè shì chéng gōng de, yīn wèi rì jī yuè lěi shēn tǐ yí dìng huì kuǎ diào, yí yàng de dào lǐ, rú guǒ wǒ měi tiān guò de hěn kāi xīn, nà me wǒ jiù yǒu jī jí de xīn tài lái miàn duì shēng huó de suǒ shì, jiù suàn jīn tiān zhēn de hěn máng hěn lèi, wǒ yě bú huì yīn wèi shēn tǐ de pí bèi huò zhě gōng zuò xué xí de yā lì lái yǐng xiǎng zì jǐ de xīn qíng, wǒ rèn wéi zhè yàng jiù suàn chéng gōng. Qí cì, rú guǒ wǒ kě yǐ měi tiān guò de hěn kāi xīn, yǒu yí gè jī jí de tài dù lái miàn duì shēng huó, nà me hěn duō zài bié rén yǎn lǐ huì chǎn shēng hěn dà yā lì de shì qíng, zài wǒ yǎn lǐ jiù bú huì nà me zāo gāo. Zuì hòu, wǒ rèn wéi méi yǒu rén yuàn yì zǒng hé fù qíng xù de rén zuò péng you, nà me rú guǒ wǒ měi tiān dōu néng huó de hěn kāi xīn, xīn tài jī jí lè guān, nà wǒ de péng you yí dìng hěn duō, zhè yàng wǒ měi tiān jiù néng huó de gèng kāi xīn. Suǒ yǐ wǒ rèn wéi, měi tiān guò de hěn kāi xīn jiù shì chéng gōng.

해석: 사람마다 성공에 대해 자기의 생각이 있는데 당신의 생각을 얘기해 보세요.

저는 성공의 기준이 사람마다 다르다고 생각해요. 어떤 사람들은 돈을 많이 벌면 성공한다고 생각하는데, 어떤 사람은 권력이 있으면 성공이라고 생각하고 또 어떤 사람은 많은 친구가 있으면 성공한다고 생각해요. 저는 성공은 매일 즐겁게 지내는 것이라고 생각해요. 왜냐하면 매일의 생활은 지금의 우리를 결정할 수 있는 일이기 때문이에요. 만약에 제가 많은 돈을 벌었지만 매일 기분 안 좋고 스트레스도 많다면 이것은 성공이 아니라고 생각해요. 매일 이러면 몸이 망가질 것이기 때문이에요. 같은 이치로 제가 매일 행복하면 몸의 피로나 일과 공부의 스트레스 때문에 기분에 영향을 받을 일이 없을 거예요. 저는 이것은 성공이라고 생각해요. 둘째, 제가 매일 즐겁게 지낼 수 있고 긍정적인 태도를 보일 수 있다면 다른 사람의 눈에는 어려워 보이는 일이 제 눈에 그리 힘들지 않아 보일 거에요. 마지막으로, 늘 기분이 나쁜 사람과 아무도 친구하고 싶어하지 않는다고 생각해요. 그래서 저는 매일 즐겁게 지내는 것이 성공이라고 생각해요.

 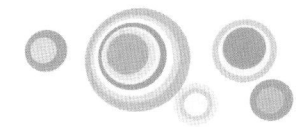

<HSKK 중급 모의고사 3> 모범 답안

	원문	병음	의미
1	祝您生日快乐！	Zhù nín shēng rì kuài lè!	생일 축하 드립니다.
2	他在网上认识了一个朋友。	Tā zài wǎng shàng rèn shì le yí gè péng you.	그는 인터넷에서 한 친구를 알게 됐어요.
3	他们决定下个月结婚。	Tā men jué dìng xià gè yuè jié hūn.	둘이 다음 달에 결혼하기로 결정했어요.
4	会议马上就要开始了。	Huì yì mǎ shàng jiù yào kāi shǐ le.	회의 금방 시작할 거에요.
5	来，你先看看菜单。	Lái, nǐ xiān kàn kàn cài dān.	자, 먼저 메뉴판을 보세요.
6	北京是中国的首都。	Běi jīng shì zhōng guó de shǒu dū.	베이징은 중국의 수도이에요.
7	飞机没有按时起飞。	Fēi jī méi yǒu àn shí qǐ fēi.	비행기는 제 시간에 이륙하지 않았어요.
8	王老师的普通话说得很标准。	Wáng lǎo shī de pǔ tōng huà shuō dé hěn biāo zhǔn.	왕선생님이 표준말을 정말 잘해요.
9	我们几乎每个周末都去看电影。	Wǒ men jī hū měi gè zhōu mò dōu qù kàn diàn yǐng.	우리는 거의 매주마다 영화를 보러 가요.
10	非常感谢大家对我的帮助。	Fēi cháng gǎn xiè dà jiā duì wǒ de bāng zhù.	여러분이 저한테 주신 도움에 감사해요.

11. 他是一个流浪歌手，平时生活比较拮据，但是他非常热爱音乐，所有的精力都投入到了创造音乐当中，有时候很久都不吃饭，为了省钱蓄起了长发，今天我路过音乐教室的时候又看到他一个人坐在里面弹吉他了。

　　Tā shì yí gè liú làng gē shǒu, píng shí shēng huó bǐ jiào jié jū, dàn shì tā fēi cháng rè ài yīn yuè, suǒ yǒu de jīng lì dōu tóu rù dào le chuàng zào yīn yuè dāng zhōng, yǒu shí hòu hěn jiǔ dōu bù chī fàn, wèi le shěng qián xù qǐ le cháng fà, jīn tiān wǒ lù guò yīn yuè jiào shì de shí hòu yòu kàn dào tā yí gè rén zuò zài lǐ miàn tán jí tā le.

해석: 그는 떠돌이 가수이다. 평소에는 생활하기 힘들지만 음악을 매우 좋아한다. 모든 에너지를 음악에 몰두해서 가끔은 밥도 오랫동안 안 먹는다. 그는 돈을 아끼려고 머리를 길렀다. 오늘 저는 음악 교실을 지나갈 때 또 그가 혼자 기타를 치는 것을 보았다.

12. 她又收到了他的信，她非常开心，他在军队里，和女朋友见面不容易，所以他们就用通信的方式联系，她每天都会去看信箱有没有他的信，有时候一周一封，有时候一个月一封，再坚持一年他退役之后，他们就能结婚了。

　　Tā yòu shōu dào le tā de xìn, tā fēi cháng kāi xīn, tā zài jūn duì lǐ, hé nǚ péng you jiàn miàn bù róng yì, suǒ yǐ tā men jiù yòng tōng xìn de fāng shì lián xì, tā měi tiān dōu huì qù kàn xìn xiāng yǒu méi yǒu tā de xìn, yǒu shí hòu yì zhōu yì fēng, yǒu shí hòu yí gè yuè yì fēng, zài jiān chí yì nián tā tuì yì zhī hòu, tā men jiù néng jié hūn le.

해석: 그녀는 또 그의 편지를 받아서 매우 기쁘다. 그가 군대에 있어서 여자친구와 만나기가 쉽지 않아서 그들은 우편으로 연락한다. 그녀는 매일 우체통에 가서 그의 편지가 있는지를 확인한다. 편지는 어떤 때는 일주일에 한 번씩 오고 어떤 때는 한 달에 한 번씩 오다. 1년을 더 견디고 그가 제대하면 둘이 결혼할 수 있을 것이다.

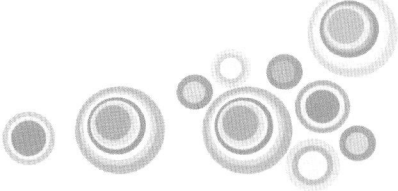

13. 请介绍一次你最难忘的旅游经历。

我最难忘的一次旅游经历是和全家人一起去中国北京的旅游经历，因为对中国美食的向往，去年假期就和全家人一起去了中国北京旅游。除了吃美食以外，还参观了故宫和长城。故宫非常大，用了一天时间参观，长城非常长，根本走不到头，长城看起来非常壮观，我很喜欢长城。

让我最难忘的是北京这个城市，真的非常繁华，人很多，城市很大，好吃的美食根本吃不完。中国人也非常友善，而且，我还知道在北京有个被称为韩国街的地方，那里有非常多的韩国人。不仅是我一个韩国人喜欢在中国旅游，很多韩国人还喜欢生活在中国。

北京的夏天也非常炎热，和韩国一样，没有空调会很难受。但是北京比首尔干燥很多。而且，我认为和家人分享美食是一件愉快的事情。希望下次还可以和家人去中国旅游。

Wǒ zuì nán wàng de yí cì lǚ yóu jīng lì shì hé quán jiā rén yì qǐ qù zhōng guó běi jīng de lǚ yóu jīng lì, yīn wèi duì zhōng guó měi shí de xiàng wǎng, qù nián jià qī jiù hé quán jiā rén yì qǐ qù le zhōng guó běi jīng lǚ yóu, chú le chī měi shí yǐ wài, hái cān guān le gù gōng hé cháng chéng. Gù gōng fēi cháng dà, yòng le yì tiān shí jiān cān guān, cháng chéng fēi cháng cháng, gēn běn zǒu bù dào tóu, cháng chéng kàn qǐ lái fēi cháng zhuàng guān, wǒ hěn xǐ huān cháng chéng.

Ràng wǒ zuì nán wàng de shì běi jīng zhè ge chéng shì, zhēn de fēi cháng fán huá, rén hěn duō, chéng shì hěn dà, hǎo chī de měi shí gēn běn chī bù wán. Zhōng guó rén yě fēi cháng yǒu shàn, ér qiě, wǒ hái zhī dào zài běi jīng yǒu gè bèi chēng wéi hán guó jiē de dì fāng, nà li yǒu fēi cháng duō de hán guó rén. Bù jǐn shì wǒ yí gè hán guó rén xǐ huān zài zhōng guó lǚ yóu, hěn duō hán guó rén hái xǐ huān shēng huó zài zhōng guó.

Běi jīng de xià tiān yě fēi cháng yán rè, hé hán guó yí yàng, méi yǒu kōng tiáo huì hěn nán shòu. Dàn shì běi jīng bǐ shǒu ěr gān zào hěn duō. Ér qiě, wǒ rèn wéi hé jiā rén fēn xiǎng měi shí shì yí jiàn yú kuài de shì qíng. Xī wàng xià cì hái kě yǐ hé jiā rén qù zhōng guó lǚ yóu.

해석: 가장 잊을 수 없는 여행 경험을 소개해 주세요.

제가 가장 잊을 수 없는 여행 경험은 온 가족과 함께 중국 베이징으로 여행한 것이에요. 중국 음식에 대한 동경 때문에 작년 방학에 온 가족과 함께 중국 베이징으로 여행을 갔어요. 음식 외에 고궁과 만리장성도 가 보았어요. 자금성은 매우 커서, 하루 종일 관람을 했어요. 만리장성이 매우 길어서 끝까지 가지도 못 했어요. 장성이 보기에 매우 웅장하여 저는 만리장성을 매우 좋아해요.

제가 가장 잊을 수 없는 것은 베이징이라는 도시 자체이에요. 정말 번화하고 사람은 매우 많아요. 도시는 매우 크고 맛있는 음식은 많아요. 중국인도 친절하고 베이징에 한국 거리라고 부르는 곳이 있고 한국인도 아주 많이 있다는 것을 알게 됐어요. 저 뿐만 아니라 많은 한국인은 중국을 여행하는 것을 좋아해요.

베이징의 여름도 매우 더워요. 한국과 마찬가지로 에어컨이 없으면 고생할 거예요. 그러나 베이징은 서울보다 더 건조해요. 가족과 함께 음식을 먹은 것도 즐거운 일이라고 생각해요. 다음에 또 가족과 함께 중국 여행을 할 수 있기를 바래요.

14. 人们常说："活到老，学到老"，你怎么看待这句话？

我认为，"活到老，学到老"是一种非常积极地心态，只有真的热爱生活的人才会这么想，我也非常的赞同。

首先，现在这个社会变化得非常快，无论在什么岗位工作，如果停止努力学习，每天都做重复的工作，总有一天会被机器替代，因为人可以占据这个星球大部分资源并且掌握运用是因为人有思维，并且有思考能力，相对于反复的工作来说，机器一定比人做得更好，因为机器不会感到疲惫。

其次，我认为如果不愿意前进，不学习不努力，也无法跟得上进步的社会，如果一个人被社会淘汰，那将生活得很艰难，没有尊严。

最后，我认为，如果可以活到老，学到老，这样用积极地心态去面对自己的生活，那无论是工作，学习还是生活中，都会抱着一颗积极的心态去生活，也带着希望，如果人没有生活的积极心态和希望，那生活对他来说肯定很痛苦，所以，我认同"活到老，学到老"。

Wǒ rèn wéi,"huó dào lǎo, xué dào lǎo" shì yì zhǒng fēi cháng jī jí dì xīn tài, zhǐ yǒu zhēn de rè ài shēng huó de rén cái huì zhè me xiǎng, wǒ yě fēi cháng de zàn tóng.

shǒu xiān, xiàn zài zhè ge shè huì biàn huà de fēi cháng kuài, wú lùn zài shén me gǎng wèi gōng zuò, rú guǒ tíng zhǐ nǔ lì xué xí, měi tiān dū zuò chóng fù de gōng zuò, zǒng yǒu yì tiān huì bèi jī qì tì dài, yīn wèi rén kě yǐ zhàn jù zhè ge xīng qiú dà bù fèn zī yuán bìng qiě zhǎng wò yùn yòng shì yīn wèi rén yǒu sī wéi, bìng qiě yǒu sī kǎo néng lì, xiāng duì yú fǎn fù de gōng zuò lái shuō, jī qì yí dìng bǐ rén zuò dé gèng hǎo, yīn wèi jī qì bú huì gǎn dào pí bèi.

qí cì, wǒ rèn wéi rú guǒ bú yuàn yì qián jìn, bù xué xí bù nǔ lì, yě wú fǎ gēn de shàng jìn bù de shè huì, rú guǒ yí gè rén bèi shè huì táo tài, nà jiāng shēng huó de hěn jiān nán, méi yǒu zūn yán.

Zuì hòu, wǒ rèn wéi, rú guǒ kě yǐ huó dào lǎo, xué dào lǎo, zhè yàng yòng jī jí de xīn tài qù miàn duì zì jǐ de shēng huó, nà wú lùn shì gōng zuò, xué xí hái shì shēng huó zhōng, dōu huì bào zhe yì kē jī jí de xīn tài qù shēng huó, yě dài zhe xī wàng, rú guǒ rén méi yǒu shēng huó de jī jí xīn tài hé xī wàng, nà shēng huó duì tā lái shuō kěn dìng hěn tòng kǔ, suǒ yǐ, wǒ rèn tóng "huó dào lǎo, xué dào lǎo".

해석: 사람들은 항상 '죽을 때까지 배워라'라고 하는데 이 말을 어떻게 생각하세요?

저는 "죽을 때까지 배워라"란 말이 매우 긍정적인 말이라고 생각해요. 정말 삶을 사랑하는 사람은 이렇게 생각할 거예요. 저도 이 말에 매우 동의해요.

우선 지금 이 사회의 변화가 너무 빠르고 어떤 일을 하든 공부를 멈추고 매일 반복되는 일을 하면 언젠가는 기계가 일을 대체할 거예요. 인간이 지구의 대부분의 자원을 지배하고 운용할 수 있는 이유가 인간에게 생각이 있기 때문이에요. 반복적인 일은 기계가 사람보다 더 잘할 거예요. 기계는 피로를 못 느끼거든요.

또한 앞으로 공부하고 노력하지 않으면 사회 발전에 뒤쳐질 것이라고 생각해요. 한 사람이 사회에서 소외되면 생활하기 아주 어려워질 거예요. 체면도 없어요.

마지막으로 죽을 때까지 공부하며 이런 긍정적인 마음으로 생활을 하면 일이나 공부나 생활이나 희망을 가지고 대할 수 있어요. 사람은 긍정적인 마인드와 희망이 없으면 생활하기 어려울 거라고 생각해요. 그래서 저는 죽을 때까지 공부하라는 말에 찬성해요.

<HSKK 중급 모의고사 4> 모범 답안

	원문	병음	의미
1	经理对他非常满意。	Jīng lǐ duì tā fēi cháng mǎn yì.	메니저는 그한테 매우 만족해요.
2	生气不能解决问题。	Shēng qì bù néng jiě jué wèn tí.	화만 내는 것은 문제 해결 못해요.
3	表演已经结束了。	Biǎo yǎn yǐ jīng jié shù le.	공연이 이미 끝났어요.
4	他的成绩提高得很快。	Tā de chéng jī tí gāo dé hěn kuài.	그의 성적이 빨리 올라 갔어요.
5	您真是越来越年轻了。	Nín zhēn shi yuè lái yuè nián qīng le.	당신이 갈수록 더 어려 보이네요.
6	他有丰富的教学经验。	Tā yǒu fēng fù de jiào xué jīng yàn.	그는 가르치는 경험이 많아요.
7	决定了就不要后悔。	Jué dìng le jiù bú yào hòu huǐ.	이미 결정했으면 후회하지 마요.
8	这个活动由王小姐负责。	Jué dìng le jiù bú yào hòu huǐ.	이번 행사는 왕선생님이 담당해요.
9	我偶尔会去打打网球。	Wǒ ǒu ěr huì qù dǎ da wǎng qiú.	저는 가끔 테니스를 쳐요.
10	别担心,一切都会好起来的。	Bié dān xīn, yí qiè dōu huì hǎo qǐ lái de.	걱정 마세요, 다 잘 될 거예요.

11. 这个小朋友非常喜欢画画，墙上贴的全都是他的作品，他长大之后想成为一个画家，他是幼儿园最乖的孩子，因为他听不到声音，所以可以沉浸在自己画画的世界里，老师也说他很有天赋，这就是上帝关上一扇门肯定会打开一扇窗吧。

Zhè ge xiǎo péng you fēi cháng xǐ huān huà huà, qiáng shàng tiē de quán dōu shì tā de zuò pǐn, tā zhǎng dà zhī hòu xiǎng chéng wéi yí gè huà jiā, tā shì yòu ér yuán zuì guāi de hái zi, yīn wèi tā tīng bú dào shēng yīn, suǒ yǐ kě yǐ chén jìn zài zì jǐ huà huà de shì jiè lǐ, lǎo shī yě shuō tā hěn yǒu tiān fù, zhè jiù shì shàng dì guān shàng yí shàn mén kěn dìng huì dǎ kāi yí shàn chuāng ba.

해석: 이 어린이는 그림을 좋아하는데 벽에 붙여진 것은 전부 그의 작품이다. 그는 커서 화가가 되고 싶어한다. 그는 어린이집에서 가장 착한 아이다. 그가 세상 소리를 듣지 못 한다. 그래서 늘 그림을 그릴 수 있는 세계에 빠져 있다. 선생님도 천부적인 재능이 있다고 한다. 이래서 이런 말이 있다. 하나님이 어떤 사람의 문을 닫아 주면 반드시 다른 창문을 열려 줄 것이다.

12. 今天终于有机会来我最爱的乐队演唱会听现场了，好激动啊，我喜欢的乐队有四个人，一个主唱一个副唱，一个吉他手和一个鼓手。今天是我生命中非常重要的一天，他们的音乐真的太振奋人心了，我希望以后可以成为他们乐队中的一员，我会努力练习吉他的。

Jīn tiān zhōng yú yǒu jī huì lái wǒ zuì ài de yuè duì yǎn chàng huì tīng xiàn chǎng le, hǎo jī dòng a, wǒ xī huān de yuè duì yǒu sì gè rén, yí gè zhǔ chàng yí gè fù chàng, yí gè jí tā shǒu hé yí gè gǔ shǒu. Jīn tiān shì wǒ shēng mìng zhōng fēi cháng zhòng yào de yì tiān, tā men de yīn yuè zhēn de tài zhèn fèn rén xīn le, wǒ xī wàng yǐ hòu kě yǐ chéng wéi tā men yuè duì zhōng de yì yuán, wǒ huì nǔ lì liàn xí jí tā de.

해석: 오늘 드디어 제가 제일 좋아하는 밴드 콘서트 현장에 오니 매우 설레다. 제가 좋아하는 밴드는 모두 4명이 있다. 한 명은 리

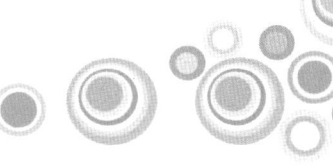

드 싱어이고 한 명은 메인 싱어이고 한 명은 기타 리스트이고 한 명은 드러머. 오늘 제 인생에서 아주 중요한 날이다. 그들의 음악은 정말로 사람을 기쁘게 한다. 제가 커서 그 밴드 중 한 명이 됐으면 좋겠다. 저는 기타를 열심히 연습할 것이다.

13. 你经常上网吗？你一般上网做什么？

我经常上网，因为上网是我获得信息的一个重要途径，在现在这个社会中，及时有效地获取信息非常重要，如果不能及时有效地获取信息，就像开车没有导航一样。

而且，我的生活方式也随着互联网时代的到来，发生了很大的变化，我开始习惯从网上买生活用品、买食物、买票等等，甚至可以说我每天都上网消费。我一般上网除了买一些必需品以外，我还会上网丰富自己的精神世界，听听歌看看小说，很多时候还在网上学习，包括课业和生活常识，或者很多时候会和朋友一起上网看电影、打游戏等等，每天都看新闻，和朋友沟通以及完成工作上的事情。

我认为互联网渐渐变得不可或缺，就像人们需要的空气和水资源一样。

Wǒ jīng cháng shàng wǎng, yīn wèi shàng wǎng shì wǒ huò dé xìn xī de yí gè zhòng yào tú jìng, zài xiàn zài zhè ge shè huì zhōng, jí shí yǒu xiào de huò qǔ xìn xī fēi cháng zhòng yào, rú guǒ bù néng jí shí yǒu xiào de huò qǔ xìn xī, jiù xiàng kāi chē méi yǒu dǎo háng yí yàng.

Ér qiě, wǒ de shēng huó fāng shì yě suí zhe hù lián wǎng shí dài de dào lái, fā shēng le hěn dà de biàn huà, wǒ kāi shǐ xí guàn cóng wǎng shàng mǎi shēng huó yòng pǐn, mǎi shí wù, mǎi piào děng děng, shèn zhì kě yǐ shuō wǒ měi tiān dū shàng wǎng xiāo fèi. Wǒ yì bān shàng wǎng chú le mǎi yì xiē bì xū pǐn yǐ wài, wǒ hái huì shàng wǎng fēng fù zì jǐ de jīng shén shì jiè, tīng ting gē kàn kan xiǎo shuō, hěn duō shí hòu hái zài wǎng shàng xué xí, bāo kuò kè yè hé shēng huó cháng shí, huò zhě hěn duō shí hòu huì hé péng you yì qǐ shàng wǎng kàn diàn yǐng, dǎ yóu xì děng děng, měi tiān dōu kàn xīn wén, hé péng you gōu tōng yǐ jí wán chéng gōng zuò shàng de shì qíng. Wǒ rèn wéi hù lián wǎng jiàn jiàn biàn de bù kě huò quē, jiù xiàng rén men xū yào de kōng qì hé shuǐ zī yuán yí yàng.

해석: 인터넷을 자주 이용하나요? 이용할 때 주로 뭘 하나요?

저는 인터넷을 자주 이용해요. 그것은 제가 정보를 얻는 중요한 통로이에요. 지금 사회에서는 실시간으로 정보를 얻는 것이 매우 중요하다고 생각해요. 정보를 제시간에 얻을 수 없다면 운전하는데 내비게이션이 없는 것처럼 될 거예요.

그리고 제 생활 방식도 인터넷 시대에 따라 많이 변했어요. 저는 습관적으로 인터넷에서 생활 용품, 식품, 티켓 등을 사요. 저는 거의 매일 인터넷에서 소비를 해요. 생활 필수품을 사는 것외엔 저는 인터넷으로 제 정신 세계도 풍부하게 해요. 저는 인터넷으로 노래를 듣고, 소설을 봐요. 또한 인터넷에서 수업을 듣고, 생활 상식을 배우고 공부를 해요. 가끔 친구들과 인터넷으로 영화를 보고, 게임도 해요. 저는 매일 뉴스를 보고, 친구와 인터넷으로 교류를 하고 직장 관련된 일도 인터넷을 통해서 해요.

저는 인터넷이 인간이 공기와 물을 필요하듯이 점점 필수적인 자원이 되어 가고 있다고 생각해요.

14. 你觉得什么样的老师是好老师？

我觉得好老师就是履行好教师义务的老师，因为老师的义务在于将新的知识传授给学生，让学生掌握新的技能，使学生提高，进步。如果按照这样的想法来说的话，好老师就是好好讲课的老师。

另外，除了传授知识以外，作为老师，更多的是做好教书育人的准备。因为很多时候，老师给学生传递了不仅仅是知识，更多的是教一个人如何成长为这个社会中有用的人，如何在这个社会中取得成就。所以如果老师可以履行好教师的义务，那就是好老师。

最后，我认为做老师非常辛苦，只有怀着一颗有爱的心，一颗去奉献的心，才可以成为一个好老师，因为老师就像蜡烛，燃烧自己照亮学生的路一样。老师是一个很高尚的职业，所以做一个好老师非常不容易。

Wǒ jué de hǎo lǎo shī jiù shì lǚ xíng hǎo jiào shī yì wù de lǎo shī, yīn wèi lǎo shī de yì wù zài yú jiāng xīn de zhī shì chuán shòu gěi xué shēng, ràng xué shēng zhǎng wò xīn de jì néng, shǐ xué shēng tí gāo, jìn bù. Rú guǒ àn zhào zhè yàng de xiǎng fǎ lái shuō de huà, hǎo lǎo shī jiù shì hǎo hāo jiǎng kè de lǎo shī.

Lìng wài, chú le chuán shòu zhī shì yǐ wài, zuò wéi lǎo shī, gèng duō de shì zuò hǎo jiāo shū yù rén de zhǔn bèi. Yīn wèi hěn duō shí hòu, lǎo shī gěi xué shēng chuán dì le bù jǐn jǐn shì zhī shi, gèng duō de shì jiāo yí gè rén rú hé chéng zhǎng wéi zhè ge shè huì zhōng yǒu yòng de rén, rú hé zài zhè ge shè huì zhōng qǔ dé chéng jiù. Suǒ yǐ rú guǒ lǎo shī kě yǐ lǚ xíng hǎo jiào shī de yì wù, nà jiù shì hǎo lǎo shī.

Zuì hòu, wǒ rèn wéi zuò lǎo shī fēi cháng xīn kǔ, zhǐ yǒu huái zhe yì kē yǒu ài de xīn, yì kē qù fèng xiàn de xīn, cái kě yǐ chéng wéi yí gè hǎo lǎo shī, yīn wèi lǎo shī jiù xiàng là zhú, rán shāo zì jǐ zhào liàng xué shēng de lù yí yàng. Lǎo shī shì yí gè hěn gāo shàng de zhí yè, suǒ yǐ zuò yí gè hǎo lǎo shī fēi cháng bù róng yì.

해석: 어떤 선생님이 좋은 선생님이라고 생각해요?

저는 좋은 선생님은 바로 선생님의 의무를 잘 이행하는 사람이라고 생각해요. 선생님의 의무는 학생한테 새로운 지식을 전달해 주고 학생 실력을 향상시키는 것이에요. 이런 면에서 보면 좋은 선생님은 잘 가르치는 선생님이에요.

지식을 전수하는 것 외에도 선생님으로서 더 많은 가르침을 할 준비가 되어 있어야 해요. 왜냐하면 선생님은 지식을 가르칠 뿐만 아니라 이 사회에서 어떻게 쓸모 있는 사람으로 성장하고 이 사회에서 성공할지를 가르쳐 줘야 해요. 그렇게 해서 이런 의무를 잘 이행할 수 있다면 좋은 선생님이에요.

마지막으로, 교사 일은 매우 힘든 일이에요. 사랑스러운 마음과 헌신하는 마음이 있어야만 좋은 선생님이 될 수 있다고 생각해요. 선생님은 촛불처럼 스스로를 태워 학생을 밝게 만드는 직업이에요. 선생님은 고상한 직업이기 때문에 좋은 선생님이 되기가 쉽지 않아요.

<HSKK 중급 모의고사 5> 모범 답안

	원문	병음	의미
1	我要去商店买东西。	Wǒ yào qù shāng diàn mǎi dōng xī.	저는 상점에 가서 물건을 사려고 해요.
2	北京烤鸭很有名。	Běi jīng kǎo yā hěn yǒu míng.	베이징의 오리 구이는 매우 유명해요.
3	明天下午去游泳吧。	Míng tiān xià wǔ qù yóu yǒng ba.	내일 오후에 수영하러 갑시다.
4	我想吃冰淇淋。	Wǒ xiǎng chī bīng qí lín.	저는 아이스크림을 먹고 싶어요.
5	桌子上有报纸。	Zhuō zi shàng yǒu bào zhǐ.	책상 위에 신문이 있어요.
6	明天见面吧。	Míng tiān jiàn miàn ba.	내일 만나자.
7	我不喜欢晚上。	Wǒ bù xǐ huān wǎn shàng.	저는 밤을 싫어해요.
8	外面好冷啊。	Wài miàn hǎo lěng a.	밖에서 너무 추워요.
9	听说你住院了?	Tīng shuō nǐ zhù yuàn le?	입원했다면서요?
10	欢迎光临。	Huān yíng guāng lín.	어서오세요.

11. 今天爸爸早早回家给弟弟过四岁生日了。我们全家唱了生日歌,弟弟许了愿吹了蜡烛,大家都非常开心。蛋糕还是我选的,我放学的时候经过巴黎贝甜选了弟弟最喜欢的红薯味儿蛋糕,弟弟非常开心,妈妈还特地给弟弟准备了好吃的腊肉,今天真是愉快的一天。

Jīn tiān bà ba zǎo zǎo huí jiā gěi dì di guò sì suì shēng rì le. Wǒ men quán jiā chàng le shēng rì gē, dì di xǔ le yuàn chuī le là zhú, dà jiā dōu fēi cháng kāi xīn. Dàn gāo hái shì wǒ xuǎn de, wǒ fàng xué de shí hòu jīng guò bā lí bèi tián xuǎn le dì di zuì xǐ huān de hóng shǔ wèi r dàn gāo, dì di fēi cháng kāi xīn, mā ma hái tè dì gěi dì di zhǔn bèi le hǎo chī de là ròu, jīn tiān zhēn shì yú kuài de yì tiān.

해석: 오늘 아빠는 동생의 4살 생일을 축하해 주려고 일찍 집에 돌아오셨다. 우리 가족은 생일 노래를 불러 줬고 동생은 생일 소원을 빌고 초를 불었다. 다들 매우 기뻤다. 케이크는 제가 선택한 것이었다. 제가 방학이라 파리바게트에 들러서 동생이 좋아하는 고구마 맛의 케이크를 골랐다. 동생은 매우 기뻤다. 엄마는 동생을 위해 훈제 숙성 고기도 준비했다. 오늘은 정말 즐거운 하루였다.

12. 我们班转来一位交换生,她叫Sara,来自美国,她和爸爸妈妈一起来了韩国,他爸爸是美国的军官,她说她会在韩国住一年多,我们都非常喜欢她,因为她长得非常漂亮,头发是金色的,皮肤也很白,我们下午去公园的草坪坐着聊了很久,很高兴可以交到新朋友。

Wǒ men bān zhuǎn lái yí wèi jiāo huàn shēng, tā jiào sara, lái zì měi guó, tā hé bà ba mā ma yì qǐ lái le hán guó, tā bà ba shì měi guó de jūn guān, tā shuō tā huì zài hán guó zhù yì nián duō, wǒ men dōu fēi cháng xǐ huān tā, yīn wèi tā zhǎng de fēi cháng piào liang, tóu fā shì jīn sè de, pí fū yě hěn bái, wǒ men xià wǔ qù gōng yuán de cǎo píng zuò zhe liáo le hěn jiǔ, hěn gāo xìng kě yǐ jiāo dào xīn péng you.

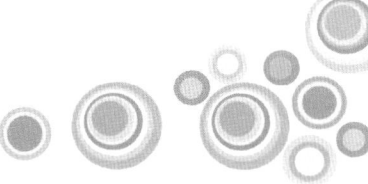

해석: 우리 반에는 교환 학생 한 명이 전학해 왔다. 이름은 Sara 이고 미국에서 왔다. 아빠 엄마랑 같이 한국에 왔고 아빠는 군인이다. 그녀는 한국에서 1년을 지내겠다고 했다. 우리는 모두 그녀를 좋아한다. 왜냐하면 그녀는 아주 예쁘게 생겼다. 그녀의 머리는 금색이고 피부가 아주 하얗다. 우리는 오후에 공원의 잔디에서 얘기를 많이 했다. 저는 새로운 친구를 사귀게 돼서 매우 기쁘다.

13. 请你介绍一下自己的优点。

我的优点并不多，首先，我坚持早睡早起，所以身体很健康，每天充满活力，其次我很喜欢大自然，很喜欢小动物，也很热爱帮助其他人，所以我有很多朋友，大家都对我很好，这一点让我很开心。

最后，我是个很有毅力的人，如果决定做一件事情就会一直坚持，这是我爸爸小时候就告诉我的，他认为如果可能会半路放弃的话，那还不如干脆不要开始，这样生活压力会小很多，所以我会在开始一件事情之前，做很多思想和现实的准备，来衡量自己是否会坚持做下去，才会下决心开始去做，就像我坚持了三年的健身一样，我希望我可以一直坚持下去，我很喜欢运动带给自己的充足的活力。

Wǒ de yōu diǎn bìng bù duō, shǒu xiān, wǒ jiān chí zǎo shuì zǎo qǐ, suǒ yǐ shēn tǐ hěn jiàn kāng, měi tiān chōng mǎn huó lì, qí cì wǒ hěn xǐ huān dà zì rán, hěn xǐ huān xiǎo dòng wù, yě hěn rè ài bāng zhù qí tā rén, suǒ yǐ wǒ yǒu hěn duō péng you, dà jiā dōu duì wǒ hěn hǎo, zhè yì diǎn ràng wǒ hěn kāi xīn.

Zuì hòu, wǒ shì gè hěn yǒu yì lì de rén, rú guǒ jué dìng zuò yí jiàn shì qíng jiù huì yì zhí jiān chí, zhè shì wǒ bà ba xiǎo shí hòu jiù gào sù wǒ de, tā rèn wéi rú guǒ kě néng huì bàn lù fàng qì de huà, nà hái bù rú gān cuì bú yào kāi shǐ, zhè yàng shēng huó yā lì huì xiǎo hěn duō, suǒ yǐ wǒ huì zài kāi shǐ yí jiàn shì qíng zhī qián, zuò hěn duō sī xiǎng hé xiàn shí de zhǔn bèi, lái héng liáng zì jǐ shì fǒu huì jiān chí zuò xià qù, cái huì xià jué xīn kāi shǐ qù zuò, jiù xiàng wǒ jiān chí le sān nián de jiàn shēn yí yàng, wǒ xī wàng wǒ kě yǐ yì zhí jiān chí xià qù, wǒ hěn xǐ huān yùn dòng dài gěi zì jǐ de chōng zú de huó lì.

해석: 자신의 장점을 소개해 주세요.

제 장점은 많지 않아요. 첫째, 저는 일찍 자고 일찍 일어나서 몸이 매우 건강하고 매일 힘이 넘쳐요. 그 다음 저는 자연과 동물을 사랑하고 다른 사람을 도와 주는 것을 좋아해서 친구도 많고 다들 저한테 잘해 줘요. 저는 매우 기뻐요.

마지막으로 저는 매우 의지가 있는 사람이에요. 한 가지 결정을 내리면 계속 버티기 위해 노력하는 편이에요. 우리 아빠가 어렸을 때 계속 이야기해 줬다. 중간에서 포기하려면 차라리 아예 시작하지 말라는 것이에요. 이러면 스트레스가 더 적어요. 그래서 제가 한 가지 일을 시작하기 전에 생각과 준비를 많이 하고 자신이 견딜 수 있는지를 판단하고 시작해요. 헬스를 3년동안 계속 한 것처럼 저는 앞으로도 계속 할 수 있길 바래요. 운동이 저한테 에너지를 줄 수 있어서 매우 좋아해요.

14. 你怎么看待成功是99%的汗水加1%的灵感这句话？

我并不认同这句话。

首先，我认为成功最重要的一个关键在于选择。比如说选专业，如果只根据未来就业需求，完全不考虑自身喜好来选择专业的话，那大学生活一定很痛苦。

并且，在不适合自己的领域付出很多汗水，所得到的收获和那些在自己擅长或者感兴趣的领域的人努力付出同样的汗水所得到的收获是完全无法比的。这样以来，长期下去就会觉得自己不如别人，自信心受到打击，压力也会越来越大。

其次，每个人对成功的定义是不同的，有些人整天打游戏，生活的随心所欲，但是他们认为自己挺不错的，就算在别人眼里可能是个失败者，但是他们活得很快乐，那也算一种成功吧，如果这样看的话，对这些人来说，成功并不需要付出什么汗水。

所以，我并不认同成功是99%的汗水加1%的灵感这句话。

Wǒ bìng bú rèn tóng zhè jù huà.

Shǒu xiān, wǒ rèn wéi chéng gōng zuì zhòng yào de yí gè guān jiàn zài yú xuǎn zé. Bǐ rú shuō xuǎn zhuān yè, rú guǒ zhǐ gēn jù wèi lái jiù yè xū qiú, wán quán bù kǎo lǜ zì shēn xǐ hào lái xuǎn zé zhuān yè de huà, nà dà xué shēng huó yí dìng hěn tòng kǔ.

Bìng qiě, zài bú shì hé zì jǐ de lǐng yù fù chū hěn duō hàn shuǐ, suǒ dé dào de shōu huò hé nà xiē zài zì jǐ shàn cháng huò zhě gǎn xìng qù de lǐng yù de rén nǔ lì fù chū tóng yàng de hàn shuǐ suǒ dé dào de shōu huò shì wán quán wú fǎ bǐ de. Zhè yàng yī lái, cháng qí xià qù jiù huì jué de zì jǐ bù rú bié rén, zì xìn xīn shòu dào dǎ jī, yā lì yě huì yuè lái yuè dà.

Qí cì, měi gè rén duì chéng gōng de dìng yì shì bù tóng de, yǒu xiē rén zhěng tiān dǎ yóu xì, shēng huó de suí xīn suǒ yù, dàn shì tā men rèn wéi zì jǐ tǐng bú cuò de, jiù suàn zài bié rén yǎn lǐ kě néng shì gè shī bài zhě, dàn shì tā men huó dé hěn kuài lè, nà yě suàn yì zhǒng chéng gōng ba, rú guǒ zhè yàng kàn de huà, duì zhè xiē rén lái shuō, chéng gōng bìng bù xū yào fù chū shén me hàn shuǐ.

Suǒ yǐ, wǒ bìng bú rèn tóng chéng gōng shì 99% de hàn shuǐ jiā 1% de líng gǎn zhè jù huà.

해석: 성공은 99%의 땀과 1%의 영감이라는 말을 어떻게 생각해요?

저는 이 말을 동의하지 않아요.

우선 저는 성공의 가장 중요한 관건 중 하나가 바로 선택하는 것이라고 생각해요. 예를 들어 학과를 선택할 때 미래 취업 수요에 따라 전혀 자기 취향을 고려하지 않고 전공을 선택한다면 대학 생활은 매우 고통스러울 거예요.

또 적성에 맞지 않는 분야에서 많은 땀을 흘려 얻은 성과는 자신이 잘하거나 흥미를 가지고 있는 분야의 사람들과 똑같은 땀을 흘려 얻은 것과는 비교가 되지 않아요. 이러다가는 장기적으로는 남보다 못 하다고 느끼고 자신감에 타격을 입고 스트레스를 더 받게 될 거예요.

다음, 성공에 대한 정의는 사람마다 달라요. 어떤 사람들은 하루 종일 게임을 하며 마음대로 생활하지만 그들은 자신이 괜찮다고 생각해요. 설령 다른 사람이 보기에 실패자가 될 수 있다고 하더라도 그들이 매우 즐겁게 살고 있다는 점에서는 성공이 맞아요.

그래서 저는 성공이 99%의 땀과 1%의 영감이라는 말에 동의하지 않아요.

<HSKK 중급 모의고사 6> 모범 답안

	원문	병음	의미
1	爸爸不喜欢坐飞机。	Bà ba bù xǐ huān zuò fēi jī..	아빠가 비행기 타기 싫어요.
2	她已经毕业两年了。	Tā yǐ jīng bì yè liǎng nián le.	그녀는 졸업한 지 2년이 됐어요.
3	我听说过他们的故事。	Wǒ tīng shuō guò tā men de gù shì.	그 들의 이야기를 들어 봤어요.
4	谢谢你陪我逛街。	Xiè xie nǐ péi wǒ guàng jiē.	나와 같이 쇼핑해서 고마워요.
5	下个月我过生日。	Xià gè yuè wǒ guò shēng rì.	다음 달은 제 생일이에요.
6	不要放在心上。	Bú yào fàng zài xīn shàng.	신경 쓰지 마세요.
7	我在银行工作。	Wǒ zài yín háng gōng zuò.	저는 은행에서 일해요.
8	外面多云，但不会下雨。	Wài miàn duō yún, dàn bú huì xià yǔ.	밖에서 구름이 많지만 비가 오지 않을 것 같아요.
9	我想换个新手机。	Wǒ xiǎng huàn gè xīn shǒu jī.	새로운 휴대폰을 바꾸고 싶어요.
10	你好，我找王老师。	Nǐ hǎo, wǒ zhǎo wáng lǎo shī.	안녕하세요, 왕 선생님을 찾으러 왔어요.

11. 新学期到了，我又来到了语学院来学习汉语，今天我们漂亮的李老师穿了青色的旗袍来给我们讲课，她说旗袍是中国的民族传统服装，我觉得非常好看，我们老师推门进来的时候我觉得自己被她迷住了，我真希望自己的中文进步可以快一点，这样我就能很快去中国了，李老师描述的中国我真的十分向往。

Xīn xué qī dào le, wǒ yòu lái dào le yǔ xué yuàn lái xué xí hàn yǔ, jīn tiān wǒ men piào liang de lǐ lǎo shī chuān le qīng sè de qí páo lái gěi wǒ men jiǎng kè, tā shuō qí páo shì zhōng guó de mín zú chuán tǒng fú zhuāng, wǒ jué de fēi cháng hǎo kàn, wǒ men lǎo shī tuī mén jìn lái de shí hòu wǒ jué de zì jǐ bèi tā mí zhù le, wǒ zhēn xī wàng zì jǐ de zhōng wén jìn bù kě yǐ kuài yī diǎn, zhè yàng wǒ jiù néng hěn kuài qù zhōng guó le, lǐ lǎo shī miáo shù de zhōng guó wǒ zhēn de shí fēn xiàng wǎng

해석: 새 학기가 다가오자 어학원에 와서 중국어를 배우게 됐다. 오늘은 예쁜 이 선생님이 푸른색 치파오를 입고 우리에게 강의를 하신다. 치파오가 중국의 전통 의상이라고 하는데 저는 매우 이쁘다고 생각한다. 선생님이 문을 열고 들어올 때 저는 선생님한테 빠져 들었다. 제 중국어 실력이 빨리 늘면 빨리 중국에 갈 수 있을 것이다. 이 선생님이 얘기하신 중국에 매우 가고 싶다.

12. 在语学院上课的课间，张同学跟我分享了她的中国零食，我非常开心，吃了很多很多。等我们吃完之后张同学拿出口红来补妆，我就好奇问她用的是什么牌子的口红，她还很神秘地不告诉我，我觉得她口红颜色非常鲜艳，我更喜欢淡一点颜色的口红。

Zài yǔ xué yuàn shàng kè de kè jiān. Zhāng tóng xué gēn wǒ fēn xiǎng le tā de zhōng guó líng shí, wǒ fēi cháng kāi xīn, chī le hěn duō hěn duō. Děng wǒ men chī wán zhī hòu zhāng tóng xué ná chū kǒu hóng lái bǔ zhuāng, wǒ jiù hào qí wèn tā yòng de shì shén me pái zi de kǒu hóng, tā hái hěn shén mì de bú gào sù wǒ, wǒ jué de tā kǒu hóng yán sè fēi cháng xiān yàn, wǒ gèng xǐ huān dàn yì diǎn yán sè de kǒu hóng.

해석: 어학원에서 수업을 할 때 친구 장씨가 저에게 중국 간식을 나눠 줬다. 저는 매우 기뻐서 많이 먹었다. 우리가 다 먹고 난 후 장 친구가 립스틱을 꺼내 화장을 할 때 저는 매우 궁금해서 어떤 브랜드를 쓰는지를 물어 봤다. 그녀는 신비주의인지 저한테 안 알

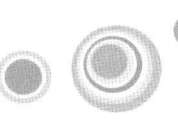
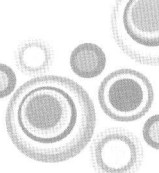

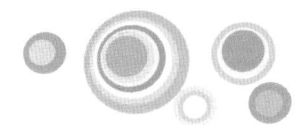

려 줬다. 그녀의 립스틱 색깔이 너무 밝은 것 같다. 저는 담백한 걸 좋아한다.

13. 你难过的时候，会做什么？

我难过的时候不喜欢说话，我会一个人发呆。因为在我难过的时候我认为做任何事情都没有意义，如果难过的时候还在做事情，肯定会搞砸，这样我就会更难过。

而且，我认为只有在自己发呆时，才能清空难过的情绪，是最快恢复平静的方法，可以继续工作下去。我不经常难过，我不是很看重除了生命之外的其他事物，我认为只要人还健康地活着就没什么难过的事情。就算情绪很低落，我也会运动，或者吃好吃的食物，我就会开心起来。在我难过的时候，我不会选择跟朋友倾诉，因为如果我这么做了，就多一个人跟我一起难过，我认为这样没有什么帮助。

如果不能运动也没有好吃的食物可以来帮助我度过难过的情绪，那我就会将难过的事情写在纸上，试图寻找解决方案。其实我写在纸上的时候，压力就消了大半，如果找到解决方法那是最好的，如果还是一筹莫展的话，那我会选择将纸暂时收起来，继续眼前的工作，生活总是要继续，难过等有时间再继续吧。

Wǒ nán guò de shí hòu bù xǐ huān shuō huà, wǒ huì yí gè rén fā dāi. Yīn wèi zài wǒ nán guò de shí hòu wǒ rèn wéi zuò rèn hé shì qíng dōu méi yǒu yì yì, rú guǒ nán guò de shí hòu hái zài zuò shì qíng, kěn dìng huì gǎo zá, zhè yàng wǒ jiù huì gèng nán guò.

Ér qiě, wǒ rèn wéi zhǐ yǒu zài zì jǐ fā dāi shí, cái néng qīng kōng nán guò de qíng xù, shì zuì kuài huī fù píng jìng de fāng fǎ, kě yǐ jì xù gōng zuò xià qù. Wǒ bù jīng cháng nán guò, wǒ bù shì hěn kàn zhòng chú le shēng mìng zhī wài de qí tā shì wù, wǒ rèn wéi zhǐ yào rén hái jiàn kāng de huó zhe jiù méi shén me nán guò de shì qíng. Jiù suàn qíng xù hěn dī luò, wǒ yě huì yùn dòng, huò zhě chī hǎo chī de shí wù, wǒ jiù huì kāi xīn qǐ lái. Zài wǒ nán guò de shí hòu, wǒ bú huì xuǎn zé gēn péng you qīng sù, yīn wèi rú guǒ wǒ zhè me zuò le, jiù duō yí gè rén gēn wǒ yì qǐ nán guò, wǒ rèn wéi zhè yàng méi yǒu shén me bāng zhù.

Rú guǒ bù néng yùn dòng yě méi yǒu hǎo chī de shí wù kě yǐ lái bāng zhù wǒ dù guò nán guò de qíng xù, nà wǒ jiù huì jiāng nán guò de shì qíng xiě zài zhǐ shàng, shì tú xún zhǎo jiě jué fāng àn. Qí shí wǒ xiě zài zhǐ shàng de shí hòu, yā lì jiù xiāo le dà bàn, rú guǒ zhǎo dào jiě jué fāng fǎ nà shì zuì hǎo de, rú guǒ hái shì yì chóu mò zhǎn de huà, nà wǒ huì xuǎn zé jiāng zhǐ zhàn shí shōu qǐ lái, jì xù yǎn qián de gōng zuò, shēng huó zǒng shì yào jì xù, nán guò děng yǒu shí jiān zài jì xù ba.

해석: 괴로울 때 뭐 할 거예요?

제가 괴로울 때는 말하기 싫고 저 혼자 멍을 때리는 시간을 가져요. 제가 괴로울 때 저는 어떤 일을 해도 의미가 없다고 생각했기 때문에 만약 슬플 때 일을 하면 망칠 것이고 이로 인해 더욱 괴롭게 될 거예요.

또 제가 혼자 멍을 때리는 것이 비로소 슬픈 마음을 가라앉히고 가장 빨리 평온을 회복할 수 있는 방법이라고 생각해요. 저는 항상 슬퍼하지 않아요. 생존 외의 일에는 신경을 많이 안 써요. 사람이 건강하게만 지내면 아주 괴로운 일이 없다고 생각해요. 기분이 가라앉아도 운동을 하거나 맛있는 음식을 먹으면 기분이 좋아져요. 제가 괴로울 때 친구와 이야기 하기를 원하지 않아요. 그렇게 한다면 저와 같이 괴로워할 사람이 한 명 더 많아지는 것이고 아무 소용이 없다고 생각해요.

운동과 맛이 있는 음식으로 힘든 시간을 보낼 수 없다면 저는 힘든 일을 종이에 적어 해결책을 찾으려 해요. 사실 제가 종이에 글로 썼을 때, 스트레스의 절반이 사라졌어요. 해결 방법을 찾으면 제일 좋겠지만 아무 방법이 없으면 종이를 접어 두고 눈앞의 일을 일단 집중할 거예요. 생활은 계속 앞으로 가야 하기 때문에 괴로움이 나중에나 해요.

14. 你对跨国婚姻怎么看？

我本人非常赞同跨国婚姻，前提是结婚的两个人是因为爱情最终走进了婚姻的殿堂。如果不是这样的话我会觉得很可惜。

我赞同跨国婚姻是因为，首先我认为跨国婚姻的实现是一件难于与本国人组成家庭的事情。所以说，难得的事物更加可贵，更加需要珍惜。

其次，跨国婚姻的实现不仅需要结婚的两位新人的努力，更多的也是家人的支持，如果家人非常支持的情况下，那一定是被两位美好的爱情所打动，才愿意接受一个外国人进入自己的家族。

最后，我认为跨国婚姻可以促使文化的交流融合，在现在这样一个国际化的背景下，跨国婚姻家庭其最基础的不同的语言背景中，将来的孩子母语是双语，那一定更有竞争力并且推动全球化，所以我认为只要两个人因为爱情走进婚姻，不论是对个人还是对社会都是有益的。

Wǒ běn rén fēi cháng zàn tóng kuà guó hūn yīn, qián tí shì jié hūn de liǎng gè rén shì yīn wèi ài qíng zuì zhōng zǒu jin le hūn yīn de diàn táng. Rú guǒ bù shì zhè yàng de huà wǒ huì jué de hěn kě xī.

Wǒ zàn tóng kuà guó hūn yīn shì yīn wèi, shǒu xiān wǒ rèn wéi kuà guó hūn yīn de shí xiàn shì yí jiàn nán yú yǔ běn guó rén zǔ chéng jiā tíng de shì qíng. Suǒ yǐ shuō, nán dé de shì wù gèng jiā kě guì, gèng jiā xū yào zhēn xī.

Qí cì, kuà guó hūn yīn de shí xiàn bù jǐn xū yào jié hūn de liǎng wèi xīn rén de nǔ lì, gèng duō de yě shì jiā rén de zhī chí, rú guǒ jiā rén fēi cháng zhī chí de qíng kuàng xià, nà yí dìng shì bèi liǎng wèi měi hǎo de ài qíng suǒ dǎ dòng, cái yuàn yì jiē shòu yí gè wài guó rén jìn rù zì jǐ de jiā zú.

Zuì hòu, wǒ rèn wéi kuà guó hūn yīn kě yǐ cù shǐ wén huà de jiāo liú róng hé, zài xiàn zài zhè yàng yí gè guó jì huà de bèi jǐng xià, kuà guó hūn yīn jiā tíng qí zuì jī chǔ de bù tóng de yǔ yán bèi jǐng zhōng, jiāng lái de hái zǐ mǔ yǔ shì shuāng yǔ, nà yí dìng gèng yǒu jìng zhēng lì bìng qiě tuī dòng quán qiú huà, suǒ yǐ wǒ rèn wéi zhǐ yào liǎng gè rén yīn wèi ài qíng zǒu jìn hūn yīn, bú lùn shì duì gè rén hái shì duì shè huì dōu shì yǒu yì de.

해석: 국제 결혼에 대해 어떻게 생각해요?

저는 국제 결혼에 대해 매우 찬성해요. 물론 결혼을 하는 두 사람이 자유 사랑으로 인해서 결혼의 전당에 들어섰다는 것을 전제로 해요. 그게 아니라면 아까울 것이라고 생각해요.

제가 국제결혼에 찬성한 이유는 첫째 제 생각엔 국제 결혼이 내국인과 가정을 이루는 것보다 훨씬 더 어려워요. 얻기 어려운 물건이 더욱 귀중하듯이 이루기 어려운 국제 결혼도 더욱 소중히 여겨야 해요.

둘째, 결혼을 해야 하는 두 사람의 노력은 물론 가족의 지지가 중요해요. 가족까지 지지를 한다면, 두 사람의 아름다운 사랑에 감동을 받아서 그럴 거에요. 그래서 외국인임에도 불구하고 자기 가족이 되는 것에 동의할 수 있어요.

마지막으로 저는 국제 결혼이 문화적 교류를 촉진할 수 있다고 생각해요. 현재와 같은 국제화 시대에 다문화 가정의 아이들은 모국어가 서로 다른 2개 언어이기 때문에 반드시 경쟁력을 가지게 될 거에요. 그들이 미래의 세계화를 촉진할 수 있어요. 그래서 두 사람이 사랑으로 결혼하는 것이 개인이나 사회에 이익이 된다고 생각해요.

<HSKK 중급 모의고사 7> 모범 답안

	원문	병음	의미
1	这位男老师姓高。	Zhè wèi nán lǎo shī xìng gāo.	이 남자 선생님은 고 선생님이에요.
2	先生，我们关门了。	Xiān sheng, wǒ men guān mén le.	선생님, 우리 영업 시간 이미 끝났어요.
3	我二十一岁了。	Wǒ èr shí yī suì le.	저 21 살이에요.
4	刘奶奶喜欢喝牛奶。	Liú nǎi nai xǐ huān hē niú nǎi.	류 할머님은 우유를 좋아하세요.
5	今天星期一。	Jīn tiān xīng qí yī.	오늘은 월요일이에요.
6	十一国庆节放假三天。	Shí yī guó qìng jié fàng jià sān tiān.	10.1 국경날에는 3 일 연휴이에요.
7	我要去吃饭了。	Wǒ yào qù chī fàn le.	저는 밥을 먹으러 갈 거에요.
8	下雪真美啊。	Xià xuě zhēn měi a.	눈이 오는 것은 예뻐요.
9	我想换一个包。	Wǒ xiǎng huàn yí gè bāo.	가방 하나 바꾸고 싶어요.
10	对不起，我让你伤心了。	Duì bu qǐ, wǒ ràng nǐ shāng xīn le.	죄송합니다. 속상시켰어요.

11. 今天是我们学校运动会的日子，我们全都参加了，我看到李同学参加了赛跑的项目，她扎起马尾辫，整理好刘海，就准备出发了，我觉得这次比赛竞争十分激烈，希望李同学可以取得好成绩。

Jīn tiān shì wǒ men xué xiào yùn dòng huì de rì zi, wǒ men quán dōu cān jiā le, wǒ kàn dào lǐ tóng xué cān jiā le sài pǎo de xiàng mù, tā zhā qǐ mǎ wěi biàn, zhěng lǐ hǎo liú hǎi, jiù zhǔn bèi chū fā le, wǒ jué de zhè cì bǐ sài jìng zhēng shí fēn jī liè, xī wàng lǐ tóng xué kě yǐ qǔ dé hǎo chéng jī.

해석: 오늘은 우리 학교가 운동회 하는 날이다. 우리 모두 참가했다. 저는 이씨가 달리기 종목에 참가한 것을 봤다. 그녀가 머리를 묶고 앞머리를 정리한 후 출발했다. 이번 시합은 경쟁이 매우 치열하니 이씨가 좋은 성적을 거두길 바란다.

12. 今天是做社会福利的日子，学校组织学生去养老院关爱老人，我们给老人表演节目，陪他们聊天讲笑话，还为他们测量血压，看他们笑得很开心的样子我也感到很开心，一天结束后虽然很累，但是我却觉得收获很多，也很值得，下次我还要去养老院看看他们。

Jīn tiān shì zuò shè huì fú lì de rì zi, xué xiào zǔ zhī xué shēng qù yǎng lǎo yuàn guān ài lǎo rén, wǒ men gěi lǎo rén biǎo yǎn jié mù, péi tā men liáo tiān jiǎng xiào huà, hái wèi tā men cè liáng xuè yā, kàn tā men xiào de hěn kāi xīn de yàng zi wǒ yě gǎn dào hěn kāi xīn, yì tiān jié shù hòu suī rán hěn lèi, dàn shì wǒ què jué de shōu huò hěn duō, yě hěn zhí dé, xià cì wǒ hái yào qù yǎng lǎo yuàn kàn kan tā men.

해석: 오늘은 사회 봉사를 하는 날이다. 학교는 학생들을 모집해 양노원에 가서 노인 사랑 프로그램을 한다. 우리는 어르신들을 위해 공연을 하고, 같이 얘기를 나누고 즐거운 웃음 거리를 얘기한다. 또한 혈압도 측정해 드렸는데 어르신이 웃는 모습을 보자 저도 기분이 좋아졌다. 하루가 지난고 생각해 보니 힘들었지만 얻은 것이 많고 보람이 있다. 다음에도 양로원에 방문할 것이다.

13. 你是一个内向的人还是外向的人，为什么？

我是个内向的人，因为从小就怕生，对我来说，和陌生人说话是个会让我压力变得很大的事情，并且非常艰难，我不敢主动和陌生人说话，到现在为止，我还是不敢主动和陌生人说话，所以我的朋友总是那几个人，我很少主动交新朋友。所以我认为我是个内向的人，但是我的朋友们都说，我是个话很多的人，

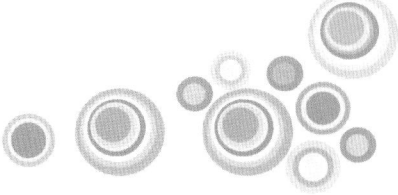

我认为，可能因为自己和他们认识时间久了，所以会比较想交流，而且我认为，是我的朋友我会一辈子都珍惜。

　　Wǒ shì gè nèi xiàng de rén, yīn wèi cóng xiǎo jiù pà shēng, duì wǒ lái shuō, hé mò shēng rén shuō huà shì gè huì ràng wǒ yā lì biàn de hěn dà de shì qíng, bìng qiě fēi cháng jiān nán, wǒ bù gǎn zhǔ dòng hé mò shēng rén shuō huà, dào xiàn zài wéi zhǐ, wǒ hái shì bù gǎn zhǔ dòng hé mò shēng rén shuō huà, suǒ yǐ wǒ de péng you zǒng shì nà jǐ gè rén, wǒ hěn shǎo zhǔ dòng jiāo xīn péng you. Suǒ yǐ wǒ rèn wéi wǒ shì gè nèi xiàng de rén, dàn shì wǒ de péng you men dōu shuō, wǒ shì gè huà hěn duō de rén, wǒ rèn wéi, kě néng yīn wèi zì jǐ hé tā men rèn shi shí jiān jiǔ le, suǒ yǐ huì bǐ jiào xiǎng jiāo liú, ér qiě wǒ rèn wéi, shì wǒ de péng you wǒ huì yī bèi zi dōu zhēn xī.

해석: 내성적인 사람이에요? 외향적인 사람이에요? 왜요?

　　저는 내성적인 사람이에요. 저는 어렸을 때부터 낯선 사람과 이야기를 하면 스트레스를 많이 받고 힘들어서 낯선 사람과 말을 할 수 없었어요. 지금까지도 낯선 사람과 말을 잘 하지 못 하기 때문에 친구는 항상 그대로 몇 명만 있다. 저는 거의 새로운 친구를 안 사귀어서 내성적인 사람이라고 생각해요. 그런데 제 친구들은 제가 말이 많은 사람이라고 말 해요. 제가 보기에 그들과 오래 알았기 때문에 교류하고 싶고 평생 소중히 여길 친구라고 생각해서 그런 것 같아요.

14. 你对减肥是什么态度？为什么？

　　我认为，如果通过健康的方式减肥，是一件值得支持的事情，但是很多人都通过药物或者节食来减肥，这样以伤害健康为代价的减肥，我是不支持的。因为我认为，健康比减肥重要，所以通过伤害健康为代价减肥是不值得的。人们有减肥的想法是因为对美的追求，还有些人是对健康的追求，毕竟肥胖对身体也是有伤害的。我自己也减过肥，我初中的时候非常胖，然后整个人都很自卑，也不敢交朋友，这对我性格造成了影响，所以初中毕业后，我就去健身房，通过健身课的学习，通过合理饮食和运动，我减了20公斤，使我的身体变得很轻盈，我也感觉自己非常健康，那段时间我的性格也变得很开朗，我更喜欢出去和朋友见面聊天。所以我认为减肥是好的，重要的是通过什么方式来实现。

　　Wǒ rèn wéi, rú guǒ tōng guò jiàn kāng de fāng shì jiǎn féi, shì yí jiàn zhí dé zhī chí de shì qíng, dàn shì hěn duō rén dōu tōng guò yào wù huò zhě jié shí lái jiǎn féi, zhè yàng yǐ shāng hài jiàn kāng wéi dài jià de jiǎn féi, wǒ shì bù zhī chí de. Yīn wèi wǒ rèn wéi, jiàn kāng bǐ jiǎn féi zhòng yào, suǒ yǐ tōng guò shāng hài jiàn kāng wéi dài jià jiǎn féi shì bù zhí dé de. Rén men yǒu jiǎn féi de xiǎng fǎ shì yīn wèi duì měi de zhuī qiú, hái yǒu xiē rén shì duì jiàn kāng de zhuī qiú, bì jìng féi pàng duì shēn tǐ yě shì yǒu shāng hài de. Wǒ zì jǐ yě jiǎn guò féi, wǒ chū zhōng de shí hòu fēi cháng pàng, rán hòu zhěng gè rén dōu hěn zì bēi, yě bù gǎn jiāo péng you, zhè duì wǒ xìng gé zào chéng le yǐng xiǎng, suǒ yǐ chū zhōng bì yè hòu, wǒ jiù qù jiàn shēn fáng, tōng guò jiàn shēn kè de xué xí, tōng guò hé lǐ yǐn shí hé yùn dòng, wǒ jiǎn le 20 gōng jīn, shǐ wǒ de shēn tǐ biàn dé hěn qīng yíng, wǒ yě gǎn jué zì jǐ fēi cháng jiàn kāng, nà duàn shí jiān wǒ de xìng gé yě biàn de hěn kāi lǎng, wǒ gèng xǐ huān chū qù hé péng you jiàn miàn liáo tiān. Suǒ yǐ wǒ rèn wéi jiǎn féi shì hǎo de, zhòng yào de shì tōng guò shèn me fāng shì lái shí xiàn.

해석: 다이어트에 대해서 어떤 태도를 가지고 있어요? 왜요?

　　건강한 방식으로 살을 뺀다면 지지할 만한 일이지만 많은 사람들이 약물을 사용하거나 먹지 않는 방식을 통해 하므로 이것은 건강을 해치는 대가로 살을 빼는 것이기에 지지하지 않아요. 다이어트보다 건강이 중요하다고 생각하기 때문에 건강을 해치는 대가로 살을 빼는 것은 바람직하지 않아요. 사람들은 다이어트를 하는 것이 미를 추구하기 위한 것이라는 생각을 가지고 있어요. 또 어떤 사람들은 건강을 추구하는 것으로 비만이 몸에도 해롭다고 생각해요. 저도 살을 뺐는데 저는 중학교 때 비만이 있어서 친구를 잘 못 사귀는 게 성격에 영향을 미쳤어요. 중학교 졸업 후 헬스장에 가서 간단한 다이어트를 공부하고 합리적인 식사와 운동을 통해서 20kg를 빼서 몸이 가벼워졌어요. 그러니 매우 건강해지고 성격도 좋아지고 밖에 나가서 자주 친구와 만나서 얘기도 하게 됐어요. 그래서 저는 다이어트가 좋다고 해요. 더 중요한 것은 다이어트 하는 방식이에요.

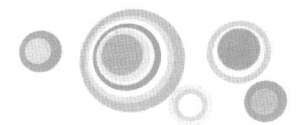

<HSKK 중급 모의고사 8> 모범 답안

	원문	병음	의미
1	饭店星期天关门。	Fàn diàn xīng qī tiān guān mén.	식당은 일요일에 문을 닫아요.
2	她已经毕业了。	Tā yǐ jīng bì yè le.	그녀는 이미 졸업했어요.
3	我才没有吃你的香蕉。	Wǒ cái méi yǒu chī nǐ de xiāng jiāo.	당신의 바나나를 절대 안 먹었어요.
4	下周就去中国。	Xià zhōu jiù qù zhōng guó.	다음주에 중국으로 갈 거예요.
5	妈妈已经出差一个星期了。	Mā ma yǐ jīng chū chāi yí gè xīng qī le.	어머님은 출장가신지 1주일 됐어요.
6	我不明白你为什么会这么想。	Wǒ bù míng bai nǐ Wèi shén me huì zhè me xiǎng.	당신은 왜 이렇게 생각하는지 제가 이해 못 해요.
7	爸爸喜欢我长头发的样子。	Bà ba xǐ huān wǒ cháng tóu fa de yàng zi.	아빠는 제가 긴 머리 할 때의 모습을 좋아해요.
8	我不喜欢吵架。	Wǒ bù xǐ huān chǎo jià.	저는 싸움을 싫어해요.
9	我想成为超级英雄。	Wǒ xiǎng chéng wéi chāo jí yīng xióng.	저는 슈퍼 히어로가 되고 싶어요.
10	对不起，我不想参加聚会。	Duì bu qǐ, wǒ bù xiǎng cān jiā jù huì.	미안한데 제가 모임을 참가하고 싶지 않아요.

11. 今天爸爸妈妈带我去中国海南旅游了，我一路上都非常兴奋，到了海南之后我们住在三亚，从酒店一出来就是海滩，风景真的很美。阳光也很好，爸爸和妈妈让我在他们中间坐着，我们拍了张照片。我觉得妈妈戴粉色的帽子特别美。

Jīn tiān bà ba mā ma dài wǒ qù zhōng guó hǎi nán lǚ yóu le, wǒ yí lù shàng dōu fēi cháng xīng fèn, dào le hǎi nán zhī hòu wǒ men zhù zài sān yà, cóng jiǔ diàn yì chū lái jiù shì hǎi tān, fēng jǐng zhēn de hěn měi. Yáng guāng yě hěn hǎo, bà ba hé mā ma ràng wǒ zài tā men zhōng jiān zuò zhe, wǒ men pāi le zhāng zhào piàn. Wǒ jué de mā ma dài fěn sè de mào zi tè bié měi.

해석: 오늘 아빠 엄마가 저를 데리고 중국 하이난으로 여행갔다. 저는 길에서 계속 기대했다. 해남에 와서 싼야에서 묵었다. 호텔에서 나오자마자 바로 해변이라니 경치가 정말 아름다웠다. 햇살도 너무 좋아서 아빠와 엄마가 중앙에 앉아 있으시라고 하고 사진을 한 장 찍어 드렸다. 저는 어머니가 분홍색 모자를 쓰는 것이 이쁘다고 생각한다.

12. 今天在电视上看了划船比赛。爸爸非常喜欢户外运动，总是带我在电视上看比赛，他自己也经常爬山还有去健身房锻炼身体。我从小受到爸爸的影响也很喜欢运动。我喜欢打篮球和踢足球，冬天我还会去滑雪，我喜欢攀岩。

Jīn tiān zài diàn shì shàng kàn le huá chuán bǐ sài. Bà ba fēi cháng xǐ huān hù wài yùn dòng, zǒng shì dài wǒ zài diàn shì shàng kàn bǐ sài, tā zì jǐ yě jīng cháng pá shān hái yǒu qù jiàn shēn fáng duàn liàn shēn tǐ. Wǒ cóng xiǎo shòu dào bà ba de yǐng xiǎng yě hěn xǐ huān yùn dòng. Wǒ xǐ huān dǎ lán qiú hé tī zú qiú, dōng tiān wǒ hái huì qù huá xuě, wǒ xǐ huān pān yán.

해석: 오늘은 텔레비전에서 카누경기를 보았다. 아빠는 야외 운동을 좋아하셔서 항상 저와 같이 텔레비전의 경기를 봤다. 아빠 자신도 항상 등산을 하고 헬스클럽에 가서 체력 단련을 하신다. 저는 어릴 때부터 아버지의 영향을 받아 운동도 아주 좋아한다. 저는 농구와 축구를 좋아하고 겨울에는 스키도 타고 암벽타기도 매우 좋아한다.

13. 你喜欢做什么样的工作？为什么？

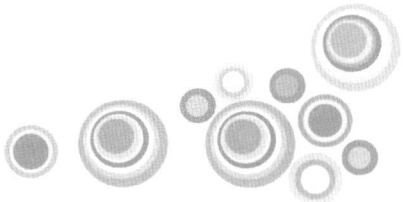

我想做画家，我从小就学习画画，我非常喜欢画画，我认为，画画可以让我的心情变得很好，我喜欢画画带给我缓慢的生活节奏，如果我可以成为一个画家，那我一定会认真努力地来表达自己的想法，而且，我认为自己在画画方面十分有天赋，我的大脑中总有很多灵感，我希望可以通过画笔表达出来，让更多的人看到，那我一定会很开心，我希望大家可以喜欢我的作品，我会为了我的理想努力练习画画的。

Wǒ xiǎng zuò huà jiā, wǒ cóng xiǎo jiù xué xí huà huà, wǒ fēi cháng xǐ huān huà huà, wǒ rèn wéi, huà huà kě yǐ ràng wǒ de xīn qíng biàn de hěn hǎo, wǒ xǐ huān huà huà dài gěi wǒ huǎn màn de shēng huó jié zòu, rú guǒ wǒ kě yǐ chéng wéi yí gè huà jiā, nà wǒ yí dìng huì rèn zhēn nǔ lì de lái biǎo dá zì jǐ de xiǎng fǎ, ér qiě, wǒ rèn wéi zì jǐ zài huà huà fāng miàn shí fēn yǒu tiān fù, wǒ de dà nǎo zhōng zǒng yǒu hěn duō líng gǎn, wǒ xī wàng kě yǐ tōng guò huà bǐ biǎo dá chū lái, ràng gèng duō de rén kàn dào, nà wǒ yí dìng huì hěn kāi xīn, wǒ xī wàng dà jiā kě yǐ xǐ huān wǒ de zuò pǐn, wǒ huì wèi le wǒ de lǐ xiǎng nǔ lì liàn xí huà huà de.

해석: 어떤 일을 좋아해요? 왜요?

저는 화가가 되고 싶어요. 저는 어릴 때부터 그림을 그리는 것을 좋아하고 공부해 왔어요. 저는 그림을 그리면 기분이 좋아져요. 저는 그림이 저에게 천천히 생활하는 리듬을 가져 주는 것을 좋아해요. 만약 제가 화가가 될 수 있다면 저는 반드시 열심히 하고 제 생각을 표현할 거예요. 그리고 저는 제가 그림을 그리는 데 매우 재능이 있다고 생각해요. 저의 머릿속에는 늘 많은 영감이 있어요. 저는 연필로 표현해서 더 많은 사람이 볼 수 있기를 바라요. 그러면 제가 정말 기쁠 거예요. 다들 제 작품을 볼 수 있었으면 좋겠어요. 저는 제 꿈을 위해서 그림을 그리는 것을 열심히 연습할 거예요.

14. 请介绍一件最感到自豪的事情。

我最自豪的事情就是上学期写诗大赛上拿了一等奖。我十分喜欢写诗，从小学开始我就在写诗，我已经写了很多诗了，在家里，我有一个书柜，专门放我写的诗，现在那个书柜已经装满了，我只能用我的手机继续写诗。现在科技发达了，我总是写完诗就发表在我的个人sns上，总是能收到很多朋友的支持和称赞，我很开心。上学期的写诗大赛上得了一等奖之后，我爸爸非常开心，带我吃了我最爱吃的猪蹄，我也很开心，希望大家会一直喜欢我写的诗。

Wǒ zuì zì háo de shì qíng jiù shì shàng xué qī xiě shī dà sài shàng ná le yī děng jiǎng. Wǒ shí fēn xǐ huān xiě shī, cóng xiǎo xué kāi shǐ wǒ jiù zài xiě shī, wǒ yǐ jīng xiě le hěn duō shī le, zài jiā lǐ, wǒ yǒu yí gè shū guì, zhuān mén fàng wǒ xiě de shī, xiàn zài nà gè shū guì yǐ jīng zhuāng mǎn le, wǒ zhǐ néng yòng wǒ de shǒu jī jì xù xiě shī. Xiàn zài kē jì fā dá le, wǒ zǒng shì xiě wán shī jiù fā biǎo zài wǒ de gè rén sns shàng, zǒng shì néng shōu dào hěn duō péng you de zhī chí hé chēng zàn, wǒ hěn kāi xīn. Shàng xué qī de xiě shī dà sài shàng dé le yī děng jiǎng zhī hòu, wǒ bà ba fēi cháng kāi xīn, dài wǒ chī le wǒ zuì ài chī de zhū tí, wǒ yě hěn kāi xīn, xī wàng dà jiā huì yì zhí xǐ huān wǒ xiě de shī.

해석: 자신이 자랑스러운 일을 소개해 주세요.

제가 가장 자랑스러워 하는 일은 지난 학기 시 짓기 대회에서 일등상을 받은 것이에요. 저는 시 쓰는 것을 매우 좋아해서 초등학교 때부터 저는 이미 시를 많이 썼어요. 집에는 서가가 하나 있는데 제가 쓴 시를 두는데 지금은 그 서가가 가득 차서 저는 제 휴대폰으로 계속 시를 쓸 수 밖에 없어요. 지금은 과학 기술이 발달하여 저는 항상 시를 다 쓰면 저의 개인 sns에 발표하는데, 항상 많은 친구들의 지지와 칭찬을 받아서 저는 즐거워요. 지난 학기 시 짓기 대회에서 1등상을 받은 후 우리 아빠는 제가 제일 좋아하는 돼지 족발을 사줘서 매우 기뻐요. 다들 제 시를 계속 좋아해주면 좋겠어요.

<HSKK 중급 모의고사 9> 모범 답안

	원문	병음	의미
1	公司9点就开门了。	Gōng sī 9 diǎn jiù kāi mén le.	회사는 9시부터 오픈했어요.
2	牛奶和面包是我爱吃的早餐。	Niú nǎi hé miàn bāo shì wǒ ài chī de zǎo cān.	우유와 빵은 제가 제일 좋아하는 아침이에요.
3	这个月有四个星期。	Zhè ge yuè yǒu sì gè xīng qī.	이번 달은 4주가 있어요.
4	我来自上海,我喜欢游泳。	Wǒ lái zì shàng hǎi, wǒ xǐ huān yóu yǒng.	저는 상하이에서 왔고 수영을 좋아해요.
5	他不知道我喜欢他。	Tā bù zhī dào wǒ xǐ huān tā.	그는 제가 그를 좋아하는 것을 몰라요.
6	这是我第三次来中国。	Zhè shì wǒ dì sān cì lái zhōng guó.	이번은 제가 세번째 중국에 오는 거에요.
7	我跑步跑得很慢。	Wǒ pǎo bù pǎo dé hěn màn.	저는 느리게 달려요.
8	看!公交车来了。	Kàn! Gōng jiāo chē lái le.	봐요. 버스가 왔어요.
9	你看着我的眼睛。	Nǐ kàn zhe wǒ de yǎn jīng.	제 눈을 보세요.
10	海南人喜欢吃海鲜。	Hǎi nán rén xǐ huān chī hǎi xiān.	해난 사람들은 해물을 좋아해요.

11. 我已经做瑜伽三年了,身材也越来越好,要知道我三年前是一个体重超标的人,再也受不了无法控制自己身体的生活,我决定减肥,刚开始挺困难的,后来坚持练习瑜伽,就非常喜欢瑜伽了,我深深的被瑜伽的魅力所感染,瑜伽不仅帮助我减去脂肪,还帮助我保养我的肺,我通过学习瑜伽也认识了很多有同样爱好的朋友。

Wǒ yǐ jīng zuò yú jiā sān nián le, shēn cái yě yuè lái yuè hǎo, yào zhī dào wǒ sān nián qián shì yí gè tǐ zhòng chāo biāo de rén, zài yě shòu bù liǎo wú fǎ kòng zhì zì jǐ shēn tǐ de shēng huó, wǒ jué dìng jiǎn féi, gāng kāi shǐ tǐng kùn nán de, hòu lái jiān chí liàn xí yú jiā, jiù fēi cháng xǐ huān yú jiā le, wǒ shēn shēn de bèi yú jiā de mèi lì suǒ gǎn rǎn, yú jiā bù jǐn bāng zhù wǒ jiǎn qù zhī fáng, hái bāng zhù wǒ bǎo yǎng wǒ de fèi, wǒ tōng guò xué xí yú jiā yě rèn shi le hěn duō yǒu tóng yàng ài hào de péng you

해석: 저는 이미 요가를 한 지 3년이 지났고 몸매도 좋아졌다. 아시다시피 저는 3년 전에는 과체중이었다. 더 이상 제 몸을 통제할 수 없는 생활이 싫어서 다이어트를 하기로 했다. 처음에는 힘들었지만 나중에 요가를 계속하니 요가를 좋아하게 되었다. 저는 요가의 매력에 빠졌다. 요가는 지방을 빼는 것을 도와 줄 뿐만 아니라 제 폐를 보호해 주기도 한다. 저는 요가 공부를 통해 취미가 같은 친구를 많이 알게 됐다.

12. 终于毕业了,今天是拍毕业照的日子,我们班的同学都商量好穿白色的裙子来拍照,我们在草坪上跳起来。摄影师抓拍我们跳起来的瞬间,我觉得照片很好看,表现了我们的活力与对未来生活的期待,非常舍不得相伴了四年的同学们,但是是时候离开了,我们都要开启新的生活.

Zhōng yú bì yè le, jīn tiān shì pāi bì yè zhào de rì zi, wǒ men bān de tóng xué dōu shāng liáng hǎo chuān bái sè de qún zi lái pāi zhào, wǒ men zài cǎo píng shàng tiào qǐ lái. Shè yǐng shī zhuā pāi wǒ men tiào qǐ lái de shùn jiān, wǒ jué de zhào piàn hěn hǎo kàn, biǎo xiàn le wǒ men de huó lì yǔ duì wèi lái shēng huó de qī dài, fēi cháng shě bu dé xiāng bàn le sì nián de tóng xué men, dàn shì shì shí hòu lí kāi le, wǒ men dōu yào kāi qǐ xīn de shēng huó.

해석: 드디어 졸업했다. 오늘은 졸업 사진을 찍는 날이다. 우리 반 친구들은 모두 흰색 치마를 입고 사진을 찍기로 했다. 우리는 잔디밭에서 펄쩍펄쩍 뛰었다. 사진 작가는 우리가 뛰는 순간을 잘 포착하여 예쁜 사진이 나왔다. 사진은 우리의 활력과 미래 생활에

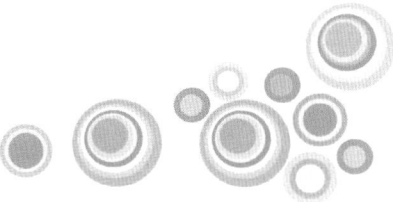

대한 기대감을 나타냈다. 4년 동안 함께 했던 친구들을 보내는 것이 아쉽지만 떠날 때가 됐다. 우리 모두 새로운 삶을 시작할 것이다.

13. 如果给你1亿人民币，你会怎么花？

如果给我一个亿，我肯定会拿出一半捐给国家的科学事业，因为我认为，只有科学进步，社会才可以进步，科学的进步造福全人类，我希望可以出自己的一份力。剩下的钱，我会再拿出一半，捐给国家的科技事业，因为现在科技的发展可以引领我们过上更便利的生活，如果科技进步很快，也可以让我们国家在世界上占领领先的位置，所以我想支持国家的科技事业。最后剩下的钱，我想带着家人全世界旅游，因为爸爸妈妈工作很辛苦，总是没办法一起旅游，我希望爸爸妈妈可以休息休息，放松心情。

Rú guǒ gěi wǒ yí gè yì, wǒ kěn dìng huì ná chū yí bàn juān gěi guó jiā de kē xué shì yè, yīn wèi wǒ rèn wéi, zhǐ yǒu kē xué jìn bù, shè huì cái kě yǐ jìn bù, kē xué de jìn bù zào fú quán rén lèi, wǒ xī wàng kě yǐ chū zì jǐ de yí fèn lì. Shèng xià de qián, wǒ huì zài ná chū yí bàn, juān gěi guó jiā de kē jì shì yè, yīn wèi xiàn zài kē jì de fā zhǎn kě yǐ yǐn lǐng wǒ men guò shàng gèng biàn lì de shēng huó, rú guǒ kē jì jìn bù hěn kuài, yě kě yǐ ràng wǒ men guó jiā zài shì jiè shàng zhàn lǐng lǐng xiān de wèi zhì, suǒ yǐ wǒ xiǎng zhī chí guó jiā de kē jì shì yè. Zuì hòu shèng xià de qián, wǒ xiǎng dài zhe jiā rén quán shì jiè lǚ yóu, yīn wèi bà ba mā ma gōng zuò hěn xīn kǔ, zǒng shì méi bàn fǎ yì qǐ lǚ yóu, wǒ xī wàng bà ba mā ma kě yǐ xiū xi xiū xi, fàng sōng xīn qíng.

해석: 만약 당신에게 1억위안을 줬다면 어떻게 쓸 거예요?

만일 저에게 1억 위안을 준다면 저는 틀림없이 절반을 국가 과학 사업을 위해 내놓을 것이에요. 왜냐하면 과학이 진보해야 사회가 진보할 수 있다고 생각하기 때문이에요. 과학의 진보는 전 인류에게 이익을 줄 것이고 저도 힘을 보태줄 수 있으면 좋겠어요. 남은 돈의 절반을 더 내서 국가 기술 사업에 기부할 거예요. 기술이 발전하면 더 편한 삶을 살 수 있고 과학 기술이 진보하면 세계 최고가 될 수 있기 때문에 저는 국가의 과학기술 사업을 지지하고 싶어요. 마지막으로 남은 돈으로 전 세계를 여행하고 싶어요. 엄마 아빠가 일하시는 게 너무 힘들어 함께 여행을 못 했는데 아빠 엄마가 쉴 수 있었으면 좋겠어요.

14. 你喜欢看新闻吗？为什么？

我喜欢看新闻，因为看新闻可以让我了解最新的消息，让我知道都发生了什么。看新闻还能让我跟上这个世界的脚步，让我不至于脱离社会。最后我的工作性质需要我多看新闻，才能做出正确的决断，现在社会进步这么快，如果不努力跟上，多多提高自己，会被社会淘汰，那是我不希望的。看新闻可以知道我生活的这个世界都发生了什么有趣的事情，所以我喜欢看新闻。

Wǒ xī huān kàn xīn wén, yīn wèi kàn xīn wén kě yǐ ràng wǒ liǎo jiě zuì xīn de xiāo xi, ràng wǒ zhī dào dōu fā shēng le shén me. Kàn xīn wén hái néng ràng wǒ gēn shàng zhè ge shì jiè de jiǎo bù, ràng wǒ bú zhì yú tuō lí shè huì. Zuì hòu wǒ de gōng zuò xìng zhì xū yào wǒ duō kàn xīn wén, cái néng zuò chū zhèng què de jué duàn, xiàn zài shè huì jìn bù zhè me kuài, rú guǒ bù nǔ lì gēn shàng, duō duō tí gāo zì jǐ, huì bèi shè huì táo tài, nà shì wǒ bù xī wàng de. Kàn xīn wén kě yǐ zhī dào wǒ shēng huó de zhè ge shì jiè dōu fā shēng le shén me yǒu qù de shì qíng, suǒ yǐ wǒ xī huān kàn xīn wén.

해석: 뉴스를 보는 것을 좋아해요? 왜요?

저는 뉴스를 즐겨 봐요. 왜냐하면 뉴스를 보면 최신 소식을 알 수 있고 저에게 무슨 일이 일어났는지 알게 해주기 때문이에요. 뉴스를 보면 세상의 흐름을 따라갈 수 있고 제가 사회로부터 멀어지지 않게 할 수 있어요. 마지막으로 저의 업무에서도 뉴스를 많이 봐야 올바른 결단을 내릴 수 있어요. 현재 사회 진보가 이렇게 빠른데 자신을 많이 향상시키기 위해서 노력하지 않으면 사회로부터 도태될 거예요. 그것은 바람직하지 않아요. 뉴스를 보면 제가 사는 세상에서 무슨 재미있는 일이 일어나는지 알 수 있기 때문에 저는 뉴스 데스크를 즐겨 봐요.

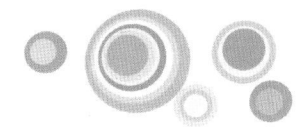

<HSKK 중급 모의고사 10> 모범 답안

	원문	병음	의미
1	我明天坐飞机去广州。	Wǒ míng tiān zuò fēi jī qù guǎng zhōu.	저는 내일 비행기를 타고 광주로 갈 거예요.
2	我吃葡萄的时候不吐葡萄皮。	Wǒ chī pú táo de shí hòu bù tǔ pú táo pí.	제가 포도를 먹을 때 포도 껍질을 뱉지 않아요.
3	我去过中山大学。	Wǒ qù guò zhōng shān dà xué.	제가 중산대학교에 가 봤어요.
4	你以为我不知道吗?	Nǐ yǐ wéi wǒ bù zhī dào ma?	제가 모를 줄 알아요?
5	我们学校食堂有很多好吃的。	Wǒ men xué xiào shí táng yǒu hěn duō hǎo chī de.	우리 학교 식당에서는 맛있는 것이 많아요.
6	这是我们学校的操场。	Zhè shì wǒ men xué xiào de cāo chǎng.	여기는 우리 학교의 운동장이에요.
7	我上班非常忙。	Wǒ shàng bān fēi cháng máng.	제 일은 되게 바빠요.
8	今天又下雨了。	Jīn tiān yòu xià yǔ le.	오늘 또 비가 왔어요.
9	我昨天感冒了。	Wǒ zuó tiān gǎn mào le.	저는 어제 감기를 걸렸어요.
10	喂, 您好! 您是哪位?	Wèi, nín hǎo! Nín shì nǎ wèi?	여보세요? 안녕하세요.누구세요?

11. 今天和一位十分尊敬的姐姐相约在咖啡店，我很久没有见她了，因为她工作非常忙，这周正好休假，我就很想见她说一说我生活中的苦恼，她是我最知心的姐姐，每次我的所有烦恼在她那里都能很轻松的得到想要的解决方案，她对我的生活帮助很大，也对我的三观帮助很大，我很喜欢听她说话，她声音很有魅力，期待今天的见面。

Jīn tiān hé yí wèi shí fēn zūn jìng de jiě jie xiāng yuē zài kā fēi diàn, wǒ hěn jiǔ méi yǒu jiàn tā le, yīn wèi tā gōng zuò fēi cháng máng, zhè zhōu zhèng hǎo xiū jià, wǒ jiù hěn xiǎng jiàn tā shuō yì shuō wǒ shēng huó zhōng de kǔ nǎo, tā shì wǒ zuì zhī xīn de jiě jie, měi cì wǒ de suǒ yǒu fán nǎo zài tā nà lǐ dōu néng hěn qīng sōng de dé dào xiǎng yào de jiě jué fāng àn, tā duì wǒ de shēng huó bāng zhù hěn dà, yě duì wǒ de sān guān bāng zhù hěn dà, wǒ hěn xǐ huān tīng tā shuō huà, tā shēng yīn hěn yǒu mèi lì, qī dài jīn tiān de jiàn miàn.

해석: 오늘 존경하는 언니와 커피숍에서 만나기로 했다. 우리 오랫동안 만나지 못 했다. 그녀가 일이 너무 바빴는데 이번 주 휴가에 만나서 제 고민을 얘기하고 싶었다. 저를 가장 잘 알고 있는 언니여서 매번 그녀는 제 모든 고민에 대한 해결 방안을 쉽게 찾을 수 있었다. 제 생활에 큰 도움이 되었고 또 저의 세계관, 가치관, 인생관에도 큰 도움이 되었다. 저는 그녀의 말을 듣는 것을 매우 좋아한다. 그녀의 목소리가 매우 매력적이다. 저는 오늘의 만남이 기대된다.

12. 小张是我们班最爱笑的女孩子，每周来上汉语课都能见到她，今天她穿了黑色短袖和白色短裤，课间的时候坐在桌子上给大家讲笑话，笑话还没讲完，自己被逗得哈哈大笑，大家看到也跟着笑了起来，她性格十分开朗，大家都爱和她交朋友。

Xiǎo zhāng shì wǒ men bān zuì ài xiào de nǚ hái zi, měi zhōu lái shàng hàn yǔ kè dōu néng jiàn dào tā, jīn tiān tā chuān le hēi sè duǎn xiù hé bái sè duǎn kù, kè jiān de shí hòu zuò zài zhuō zi shàng gěi dà jiā jiǎng xiào huà, xiào huà hái méi jiǎng wán, zì jǐ bèi dòu de hā hā dà xiào, dà jiā kàn dào yě gēn zhe xiào le qǐ lái, tā xìng gé shí fēn kāi lǎng, dà jiā dōu ài hé tā jiāo péng you.

해석: 장양은 우리 반에서 가장 잘 웃는 여자다. 매주 중국어 수업 때 그녀를 만날 수 있다. 오늘은 그녀가 검은색 반팔티와 흰색 반바지를 입고 있다. 쉬는 시간에는 테이블에 앉아 모두에게 즐거운 얘기를 하고 다 마치기도 전에 자신이 먼저 웃고 있었다. 모두 이것을 보고 따라 웃기도 했다. 그녀는 성격이 매우 활발하고 다들 그녀와 친구하고 싶어 한다.

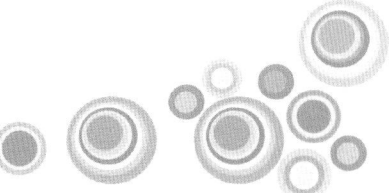

13. 你喜欢看什么电视节目?

　　我喜欢看综艺节目,因为每天的工作很忙很累,回家之后想放松大脑,看一些轻松的节目可以使我心情愉悦,这样可以有效放松自己,第二天也不会很疲惫。综艺节目可以让我大笑,我认为大笑也是减压的一种方式,而且看综艺节目也不用动脑思考,所以,每次我看综艺节目的时候就感到很开心,很放松。这样和白天繁杂无趣的工作对比起来,我就能很好的休息自己的大脑。所以我喜欢综艺节目。

　　Wǒ xǐ huān kàn zōng yì jié mù, yīn wèi měi tiān de gōng zuò hěn máng hěn lèi, huí jiā zhī hòu xiǎng fàng sōng dà nǎo, kàn yì xiē qīng sōng de jié mù kě yǐ shǐ wǒ xīn qíng yú yuè, zhè yàng kě yǐ yǒu xiào fàng sōng zì jǐ, dì èr tiān yě bú huì hěn pí bèi. Zōng yì jié mù kě yǐ ràng wǒ dà xiào, wǒ rèn wéi dà xiào yě shì jiǎn yā de yì zhǒng fāng shì, ér qiě kàn zōng yì jié mù yě bù yòng dòng nǎo sī kǎo, suǒ yǐ, měi cì wǒ kàn zōng yì jié mù de shí hòu jiù gǎn dào hěn kāi xīn, hěn fàng sōng. Zhè yàng hé bái tiān fán zá wú qù de gōng zuò duì bǐ qǐ lái, wǒ jiù néng hěn hǎo de xiū xi zì jǐ de dà nǎo. Suǒ yǐ wǒ xǐ huān zōng yì jié mù.

해석: 어떤 프로그램을 즐겨봐요?

　　저는 예능 프로그램을 즐겨 봐요. 매일 하는 일이 너무 힘들어서 집에 가서 머리를 풀고 가벼운 프로그램으로 기분도 좋게 하고 긴장을 풀 수 있어 다음날에도 힘들지 않아요. 예능 프로그램은 저를 크게 웃게 할 수 있고 웃는 것은 스트레스를 줄이는 방법이라고 생각해요. 예능을 보면서 머리를 쓰지 않기 때문에 저는 예능을 볼 때마다 즐거워요. 이렇게 하면 낮의 번잡한 업무와 비교해 볼 때 저는 자신의 머리를 잘 쉬게 할 수 있어요. 그래서 저는 예능 프로그램을 좋아해요.

14. 如果给你7天假期? 你怎么安排?

　　如果给我七天假期,我会安排前三天在家休息,后三天出去散心,最后一天回家整理心情,准备第二天的工作。因为我平时工作很忙很累。所以如果真的有七天假期我可能会先休息几天,恢复恢复体力,如果直接出去玩儿可能会感到很累。等我休息好了,我就打算短途旅行三天,出去看看大自然,这样一定会感到心情放松。最后一天,我会选择准备第二天的工作,因为只有这样,才能在投入工作的时候,全身心的投入,不影响工作质量。

　　Rú guǒ gěi wǒ qī tiān jià qī, wǒ huì ān pái qián sān tiān zài jiā xiū xi, hòu sān tiān chū qù sàn xīn, zuì hòu yì tiān huí jiā zhěng lǐ xīn qíng, zhǔn bèi dì èr tiān de gōng zuò. Yīn wèi wǒ píng shí gōng zuò hěn máng hěn lèi. Suǒ yǐ rú guǒ zhēn de yǒu qī tiān jià qī wǒ kě néng huì xiān xiū xi jǐ tiān, huī fù huī fù tǐ lì, rú guǒ zhí jiē chū qù wán r kě néng huì gǎn dào hěn lèi. Děng wǒ xiū xi hǎo le, wǒ jiù dǎ suàn duǎn tú lǚ xíng sān tiān, chū qù kàn kan dà zì rán, zhè yàng yí dìng huì gǎn dào xīn qíng fàng sōng. Zuì hòu yì tiān, wǒ huì xuǎn zé zhǔn bèi dì èr tiān de gōng zuò, yīn wèi zhǐ yǒu zhè yàng, cái néng zài tóu rù gōng zuò de shí hòu, quán shēn xīn de tóu rù, bù yǐng xiǎng gōng zuò zhì liàng.

해석: 7일 휴가를 준다면 어떻게 할 거예요?

　　7일간의 휴가를 준다면 3일 동안 집에서 쉬도록 하고 3일 후에 나가서 기분 전환을 한 뒤 마지막 날 집에 가서 마음을 가다듬고 다음날 일을 준비할 것이에요. 저는 평상시에 일이 매우 바빠요. 그래서 정말 휴가 기간이 7일이라면 며칠간 쉬면서 체력을 회복할 수 있을 것이에요. 그냥 놀러 나가면 피곤할 것이에요. 제가 충분히 휴식한 후에 저는 3일 동안 단기 여행을 하고 자연을 보러 가면 틀림없이 마음이 편해 질 것이에요. 마지막 날 저는 다음 날의 일을 준비할 거에요. 이래야 일을 시작할 때 집중 잘 하고 일의 효율을 높일 수 있어요.

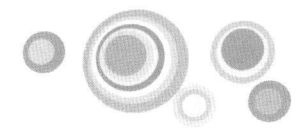

<HSKK 중급 모의고사 11> 모범 답안

	원문	병음	의미
1	你好，我是新来的。	Nǐ hǎo, wǒ shì xīn lái de.	안녕하세요, 저는 새로 왔어요.
2	很高兴见到你。	Hěn gāo xìng jiàn dào nǐ.	만나서 반가워요.
3	谢谢你请我到你家。	Xiè xiè nǐ qǐng wǒ dào nǐ jiā.	당신의 집으로 초대해 주셔서 감사합니다.
4	我们明洞见吧。	Wǒ men míng dòng jiàn ba.	우리는 명동에서 만나자.
5	下午三点我有个约会。	Xià wǔ sān diǎn wǒ yǒu gè yuē huì.	오후 3시에 약속이 있어요.
6	他说他身体不舒服。	Tā shuō tā shēn tǐ bù shū fú.	그는 몸이 불편한대요.
7	我来介绍一下我的朋友。	Wǒ lái jiè shào yí xià wǒ de péng you.	제 친구를 소개할게요.
8	我非常喜欢吃鸡肉。	Wǒ fēi cháng xǐ huān chī jī ròu.	저는 닭고기를 너무 좋아해요.
9	我请朋友来家里吃饭。	Wǒ qǐng péng you lái jiā lǐ chī fàn.	저는 집에서 밥을 먹자고 친구를 초대했어요.
10	我想去百货店买条裙子。	Wǒ xiǎng qù bǎi huò diàn mǎi tiáo qún zi.	저는 백화점에 가서 치마를 사고 싶어요.

11. 今天公司有个十分重要的会议，早上八点我就赶去公司做准备，这次的会议是我来向大家报告工作进展和分配下一个季度的工作任务的，我们部门上周刚刚拿下一个大单，领导盯得非常紧，所以我今天不能有一点失误。昨晚做报告书熬了夜，今天早上起来喝了两杯咖啡我还是觉得很累提不起精神。

Jīn tiān gōng sī yǒu gè shí fēn zhòng yào de huì yì, zǎo shang bā diǎn wǒ jiù gǎn qù gōng sī zuò zhǔn bèi, zhè cì de huì yì shì wǒ lái xiàng dà jiā bào gào gōng zuò jìn zhǎn hé fēn pèi xià yí gè jì dù de gōng zuò rèn wù de, wǒ men bù mén shàng zhōu gāng gāng ná xià yí gè dà dān, lǐng dǎo dīng de fēi cháng jǐn, suǒ yǐ wǒ jīn tiān bù néng yǒu yì diǎn shī wù. Zuó wǎn zuò bào gào shū áo le yè, jīn tiān zǎo shang qǐ lái hē le liǎng bēi kā fēi wǒ hái shì jué de hěn lèi tí bù qǐ jīng shén.

해석: 오늘 회사에서는 매우 중요한 회의가 있어서 저는 아침 8시에 회사에 가서 준비를 할 것이다. 이번 회의는 제가 모두에게 일의 진행 상황을 보고하고 다음 분기의 업무를 나눠주는 것이다. 우리 부서가 지난주에 큰 프로젝트를 받아서 상사가 이를 매우 중요시한다. 어제 밤에 보고서를 만드느라 밤을 새웠다. 오늘 아침에 일어나서 커피 두 잔을 마셨는데도 너무 피곤해서 정신을 못 차린다.

12. 爸爸妈妈给我介绍了相亲，因为我毕业很久了也工作了三年多，可还是没有女朋友，爸爸妈妈很着急，今天我和爸爸妈妈介绍的女孩子见面了，去了一家咖啡厅，我们聊了聊各自的爱好，还有性格，我发现她是个很温柔很安静的女生，我觉得可以和她交朋友，但是我更喜欢性格很疯的女孩子，我是个安静的人，需要很闹的人来带给我更多的乐趣。

Bà ba mā ma gěi wǒ jiè shào le xiāng qīn, yīn wèi wǒ bì yè hěn jiǔ le yě gōng zuò le sān nián duō, kě hái shì méi yǒu nǚ péng you, bà ba mā ma hěn zhāo jí, jīn tiān wǒ hé bà ba mā ma jiè shào de nǚ hái zi jiàn miàn le, qù le yì jiā kā fēi tīng, wǒ men liáo le liáo gè zì de ài hào, hái yǒu xìng gé, wǒ fā xiàn tā shì gè hěn wēn róu hěn ān jìng de nǚ shēng, wǒ jué de kě yǐ hé tā jiāo péng you, dàn shì wǒ gèng xǐ huān xìng gé hěn fēng de nǚ hái zi, wǒ shì gè ān jìng de rén, xū yào hěn nào de rén lái dài gěi wǒ gèng duō de lè qù.

해석: 아빠 엄마가 소개팅을 해 주셨다. 제가 졸업한 지 오래돼도 여자 친구가 없어서 엄마 아빠가 매우 급하다. 아빠 엄마가 소개

해준 여자애를 만나서 카페에 가서 서로 취미도 얘기하고 성격에 대해서도 얘기다. 저는 그녀가 매우 온화하고 조용한 여자라는 것을 발견했는데 그녀와 친구로 지낼 수 있다고 생각한다. 하지만 저는 성격이 발랄한 여자를 더 좋아한다. 저는 조용한 사람이기 때문에 시끄러운 사람이 와서 저에게 더 많은 즐거움을 주어야 한다고 생각한다.

13. 你最喜欢的运动是什么？

我最喜欢的运动是攀岩。因为我觉得攀岩可以锻炼身体，并且，可以锻炼胆量。攀岩是一项很有趣的运动，在攀岩的过程中，因为看不到山顶，我会努力向上爬，所以我认为攀岩也可以锻炼毅力，通过攀岩，我学到了很多技巧，另外，我也得到了健康的身体。最后，通过攀岩，我也认识了很多和我有同样爱好的朋友，每次和兴趣相投的朋友聊攀岩，我都会感到很快乐。所以，我最喜欢攀岩运动。

Wǒ zuì xǐ huān de yùn dòng shì pān yán. Yīn wèi wǒ jué de pān yán kě yǐ duàn liàn shēn tǐ, bìng qiě, kě yǐ duàn liàn dǎn liàng.Pān yán shì yí xiàng hěn yǒu qù de yùn dòng, zài pān yán de guò chéng zhōng, yīn wèi kàn bú dào shān dǐng, wǒ huì biàn de chōng mǎn dòng lì, nǔ lì xiàng shàng pá, suǒ yǐ wǒ rèn wéi pān yán yě kě yǐ duàn liàn yì lì, tōng guò pān yán, wǒ xué dào le hěn duō jì qiǎo, lìng wài, wǒ yě dé dào le jiàn kāng de shēn tǐ. Zuì hòu, tōng guò pān yán, wǒ yě rèn shi le hěn duō hé wǒ yǒu tóng yàng ài hào de péng you, měi cì hé xìng qù xiāng tóu de péng you liáo pān yán, wǒ dōu huì gǎn dào hěn kuài lè. Suǒ yǐ, wǒ zuì xǐ huān pān yán yùn dòng.

해석: 제일 좋아하는 운동은 뭐예요?

제가 가장 좋아하는 운동은 암벽 등반이다. 암벽 등반은 몸을 단련할 수 있고 담력과 도량을 기를 수 있다고 생각한다. 암벽 등반은 산에 오르는 과정에서 아직도 정상을 볼 수 없기 때문에 더 열심히 기어 올라간다. 암벽등반을 통해 의지력도 단련할 수 있고 암벽등반을 통해 많은 기술을 배웠고 건강도 챙겼다. 마지막으로 암벽등반을 통해 저도 저와 같은 취미를 가진 친구들을 많이 알게 되었고 그들과 암벽등반을 하며 즐겁게 지냈다. 그래서 저는 암벽등반을 가장 좋아한다.

14. 如果朋友和你约会迟到了，你会怎么办？

我一般情况下，是不会迟到的，因为我认为迟到是很不礼貌的行为。如果在去约会的路上遇到紧急情况肯定会迟到的话，那我一定会提前通知我的朋友并且道歉。如果还没出发但是自己有紧急的事情必须去做的时候，我也会先通知朋友，解释清楚情况之后，一起商量解决我会迟到这个问题的策略之后，再去做自己的事情。总之我是不会让朋友不明不白的一直等我。

Wǒ yì bān qíng kuàng xià, shì bú huì chí dào de, yīn wèi wǒ rèn wéi chí dào shì hěn bù lǐ mào de xíng wéi. Rú guǒ zài qù yuē huì de lù shàng yù dào jǐn jí qíng kuàng kěn dìng huì chí dào de huà, nà wǒ yí dìng huì tí qián tōng zhī wǒ de péng you bìng qiě dào qiàn. Rú guǒ hái méi chū fā dàn shì zì jǐ yǒu jǐn jí de shì qíng bì xū qù zuò de shí hòu, wǒ yě huì xiān tōng zhī péng you, jiě shì qīng chǔ qíng kuàng zhī hòu, yì qǐ shāng liáng jiě jué wǒ huì chí dào zhè ge wèn tí de cè lüè zhī hòu, zài qù zuò zì jǐ de shì qíng. Zǒng zhī wǒ shì bú huì ràng péng you bù míng bù bái de yì zhí děng wǒ.

해석: 만약에 친구가 당신과 데이트할 때 지각한다면 어떻게 할 거예요?

저는 일반적으로 지각하지 않아요. 왜냐하면 그것은 아주 예의 없는 행동이라고 생각해요. 만약 데이트를 가다가 급한 일이 생겼는데 어김없이 늦는다면 제 친구에게 미리 알려주고 사과할 거예요. 아직 출발하지 않았는데 제가 해야 할 급한 일이 생기면 친구에게 먼저 얘기하고 상황을 설명한 뒤 제가 늦는 문제를 해결하기 위한 전략을 함께 의논하고 제 일을 할 거예요. 어쨌든 제 친구가 아무 이유없이 계속 저를 기다리게 하지 않을 거예요.

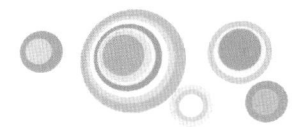

<HSKK 중급 모의고사 12> 모범 답안

	원문	병음	의미
1	路上辛苦了。	Lù shàng xīn kǔ le.	오시는 길에 수고 많으셨어요.
2	欢迎你来到我的城市。	Huān yíng nǐ lái dào wǒ de chéng shì.	제 도시로 오는 걸 환영합니다.
3	为我们的友谊干杯。	Wèi wǒ men de yǒu yì gān bēi.	우리 우정을 위해 건배하자.
4	如果想我就给我打电话吧。	Rú guǒ xiǎng wǒ jiù gěi wǒ dǎ diàn huà ba.	저를 보고 싶으면 연락해 줘요.
5	他不需要我的帮助。	Tā bù xū yào wǒ de bāng zhù.	그는 저의 도움이 필요 없어요.
6	我要买一些橘子回去吃。	Wǒ yào mǎi yì xiē jú zǐ huí qù chī.	제가 귤을 사서 먹을 거에요.
7	我想坐地铁去。	Wǒ xiǎng zuò dì tiě qù.	제가 지하철을 타고 가고 싶어요.
8	宾馆离目的地很近。	Bīn guǎn lí mù dì dì hěn jìn.	호텔은 목적지까지 가까워요.
9	我想去银行换钱。	Wǒ xiǎng qù yín háng huàn qián.	저는 은행에 가서 환전하고 싶어요.
10	我借了朋友的钱还没还。	Wǒ jiè le péng you de qián hái méi hái.	제가 친구의 돈이 빌렸는데 아직 돌려 주지 않았어요.

11. 今天和室友去超市买水果,因为门口的小超市水果卖得太贵了,我们坐地铁去了更大的超市,希望可以买到便宜的水果,但是,水果在大超市里也十分贵,我和室友打算放弃,然后买点儿别的就回家,室友说水果贵得像明星一样,让我帮忙给她和水果合照,真是个有意思的室友。

Jīn tiān hé shì yǒu qù chāo shì mǎi shuǐ guǒ, yīn wèi mén kǒu de xiǎo chāo shì shuǐ guǒ mài de tài guì le, wǒ men zuò dì tiě qù le gèng dà de chāo shì, xī wàng kě yǐ mǎi dào pián yí de shuǐ guǒ, dàn shì, shuǐ guǒ zài dà chāo shì lǐ yě shí fēn guì, wǒ hé shì yǒu dǎ suàn fàng qì, rán hòu mǎi diǎn r bié de jiù huí jiā, shì yǒu shuō shuǐ guǒ guì de xiàng míng xīng yí yàng, ràng wǒ bāng máng gěi tā hé shuǐ guǒ hé zhào, zhēn shi gè yǒu yì si de shì yǒu.

해석: 오늘 룸메이트와 함께 슈퍼마켓에 가서 과일을 사려고 했다. 입구의 작은 슈퍼마켓에서 파는 과일이 너무 비싸서 지하철을 타고 더 큰 슈퍼마켓에 갔다. 더 싼 과일을 살 수 있길 바랬는데 과일은 큰 슈퍼에서도 너무 비쌌다. 저와 룸메이트는 포기하고 과일말고 다른 걸 좀 사서 집에 가려고 했다. 룸메이트는 과일이 스타만큼 비쌌다고 했다. 저보고 과일과 같이 사진을 찍으라고 했다. 진짜 재미있는 룸메이트이다.

12. 秋季运动会开始啦,我们比赛结束之后,老师们就进行了拔河比赛,我们全都围在周围给老师们加油,比赛十分激烈,拔了很久无法分出胜负,老师们提议休息一会儿再拔,因为体力都耗尽了,于是,休息了十分钟之后老师又开始比赛拔河,我看着非常着急想上去帮忙。

Qiū jì yùn dòng huì kāi shǐ la, wǒ men bǐ sài jié shù zhī hòu, lǎo shī men jiù jìn xíng le bá hé bǐ sài, wǒ men quán dōu wéi zài zhōu wéi gěi lǎo shī men jiā yóu, bǐ sài shí fēn jī liè, bá le hěn jiǔ wú fǎ fēn chū shèng fù, lǎo shī men tí yì xiū xi yí huì r zài bá, yīn wèi tǐ lì dōu hào jìn le, yú shì, xiū xi le shí fēn zhōng zhī hòu lǎo shī yòu kāi shǐ bǐ sài bá hé, wǒ kàn zhe fēi cháng zháo jí xiǎng shàng qù bāng máng.

해석: 가을 운동회가 시작했다. 우리 경기가 끝난 후 선생님들이 줄다리기 경기를 시작했다. 우리는 모두 모여서 선생님들을 응원했다. 경기가 너무 격렬해서 승부가 나지 않았다. 선생님들이 체력이 떨어져서 쉬다가 다시 하자는 제안을 했다. 그래서 10분 쉬다가 선생님들이 다시 줄다리기하기 시작했다. 저는 옆에서 보니 매우 급박해서 가서 도와주고 싶기도 했다.

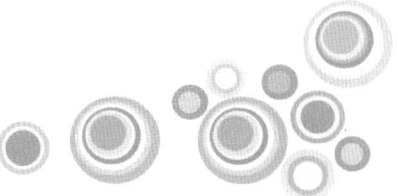

13. 你喜欢跟什么样的人交朋友?

　　我喜欢和性格开朗的人做朋友吧, 因为和性格开朗的人在一起会让我觉得每天都很开心, 不仅生活会变得有趣, 还能知道很多有意思的事情, 因为性格开朗的人看到的世界总是乐观积极的, 有了这样的心态性格就会更加开朗, 更容易交到朋友。我也希望自己变成性格开朗的人, 这样就可以交到很多朋友, 但是我是个性格内向腼腆的人, 平时也不太爱说话, 我在努力改变自己的性格, 我也在努力的融入集体, 同学们都很喜欢我。

　　Wǒ xǐ huān hé xìng gé kāi lǎng de rén zuò péng you ba, yīn wèi hé xìng gé kāi lǎng de rén zài yì qǐ huì ràng wǒ jué de měi tiān dōu hěn kāi xīn, bù jǐn shēng huó huì biàn de yǒu qù, hái néng zhī dào hěn duō yǒu yì si de shì qíng, yīn wèi xìng gé kāi lǎng de rén kàn dào de shì jiè zǒng shì lè guān jī jí de, yǒu le zhè yàng de xīn tài xìng gé jiù huì gèng jiā kāi lǎng, gèng róng yì jiāo dào péng you. Wǒ yě xī wàng zì jǐ biàn chéng xìng gé kāi lǎng de rén, zhè yàng jiù kě yǐ jiāo dào hěn duō péng you, dàn shì wǒ shì gè xìng gé nèi xiàng miǎn tiǎn de rén, píng shí yě bú tài ài shuō huà, wǒ zài nǔ lì gǎi biàn zì jǐ de xìng gé, wǒ yě zài nǔ lì de róng rù jí tǐ, tóng xué men dōu hěn xǐ huān wǒ.

해석: 어떤 사람과 친구가 되고 싶어요?

　　저는 성격이 좋은 사람과 친구하고 싶어요. 왜냐하면 성격이 좋은 사람과 같이 있으면 저도 매일 행복해지고 생활도 재미있을 뿐만 아니라 재미있는 일도 많이 알게 되기 때문이에요. 성격이 좋은 사람은 보는 세상도 긍정적이고 이런 마음으로 인해 성격이 더 밝아질 거예요. 더 쉽게 친구를 사귈 거예요. 저는 성격이 밝은 사람이 되고 싶어요. 그러면 친구도 많이 사귈 수 있어요. 그런데 저는 내성적인 사람이라 평상시에는 말을 잘 안 해요. 저는 제 성격을 바꾸기 위해서 단체 생활을 하려고 노력하고 있어요. 친구들은 저를 많이 좋아해요.

14. 有人说"结果比过程更重要", 你怎么看?

　　我认为, 这句话要分情况看, 因为有些事物是结果比过程重要的, 但有些事情, 如果很享受过程, 那结果就没有那么重要了, 但是, 也有些事情结果和过程都挺重要。那如何来区分呢? 当然按照自己的主观想法来区分就好。结果和过程的比较, 我认为当然自身是如何认为的, 那是最重要的。

　　Wǒ rèn wéi, zhè jù huà yào fēn qíng kuàng kàn, yīn wèi yǒu xiē shì wù shì jié guǒ bǐ guò chéng zhòng yào de, dàn yǒu xiē shì qíng, rú guǒ hěn xiǎng shòu guò chéng, nà jié guǒ jiù méi yǒu nà me zhòng yào le, dàn shì, yě yǒu xiē shì qíng jié guǒ hé guò chéng dōu tǐng zhòng yào. Nà rú hé lái qū fēn ne? Dāng rán àn zhào zì jǐ de zhǔ guān xiǎng fǎ lái qū fēn jiù hǎo. Jié guǒ hé guò chéng de bǐ jiào, wǒ rèn wéi dāng rán zì shēn shì rú hé rèn wéi de, nà shì zuì zhòng yào de.

해석: 어떤 사람은 결과가 과정보다 중요하다고 생각하는데 이에 대해 어떻게 생각해요?

　　저는 상황에 따라서 다르게 봐야 된다고 생각해요. 저는 어떤 일은 결과보다 과정이 더 중요하지만 어떤 것은 과정을 즐기면 결과가 그렇게 중요한 것은 아니라고 생각해요. 그런데 어떤 것은 결과와 과정이 둘다 매우 중요하다고 생각해요. 그럼 어떻게 구분하나요? 물론 자신의 주관적인 생각으로 구분하면 좋아요. 결과와 과정의 비교에서는 당연히 제가 어떻게 생각하는지가 가장 중요하다고 생각해요.

<HSKK 중급 모의고사 13> 모범 답안

	원문	병음	의미
1	我不信他说的话。	Wǒ bú xìn tā shuō de huà.	저는 그가 하는 말을 안 믿어요.
2	如果是这样的话我会很开心。	Rú guǒ shì zhè yàng de huà wǒ huì hěn kāi xīn.	이러면 제가 많이 기쁠 거에요.
3	几天的努力都白费了。	Jǐ tiān de nǔ lì dōu bái fèi le.	몇 일의 노력이 다 헛되었어요.
4	一定不要浪费时间。	Yí dìng bú yào làng fèi shí jiān.	시간을 절대 낭비하지 마세요.
5	我需要你的安慰。	Wǒ xū yào nǐ de ān wèi.	당신의 위로를 필요해요.
6	你不要离开我好吗？	Nǐ bú yào lí kāi wǒ hǎo ma?	저한테 떠나지 마세요.
7	我在博物馆呢。	Wǒ zài bó wù guǎn ne.	저는 박물관에 있어요.
8	我想去动物园玩儿。	Wǒ xiǎng qù dòng wù yuán wán r.	동물원에 가고 싶어요.
9	我希望可以晒日光浴。	Wǒ xī wàng kě yǐ shài rì guāng yù.	저는 일광욕을 하고 싶어요.
10	我想去欧洲度假.	Wǒ xiǎng qù ōu zhōu dù jià.	유럽 가서 휴가 보내고 싶어요.

11. 今天是我上班第一天，我终于成为了一名教师，我十分喜欢小孩子，我大学时候就希望自己以后可以成为教师，在研究生学习结束之后，考取了教师资格证，我终于如愿以偿的成为了一名教师，他们是我的第一批学生，上一个班主任正在介绍我，我将成为他们新的班主任，他们非常认真的听班主任介绍我，我很开心。

Jīn tiān shì wǒ shàng bān dì yī tiān, wǒ zhōng yú chéng wéi le yì míng jiào shī, wǒ shí fēn xǐ huān xiǎo hái zi, wǒ dà xué shí hòu jiù xī wàng zì jǐ yǐ hòu kě yǐ chéng wéi jiào shī, zài yán jiū shēng xué xí jié shù zhī hòu, kǎo qǔ le jiào shī zī gé zhèng, wǒ zhōng yú rú yuàn yǐ cháng de chéng wéi le yì míng jiào shī, tā men shì wǒ de dì yī pī xué shēng, shàng yí gè bān zhǔ rèn zhèng zài jiè shào wǒ, wǒ jiāng chéng wéi tā men xīn de bān zhǔ rèn, tā men fēi cháng rèn zhēn de tīng bān zhǔ rèn jiè shào wǒ, wǒ hěn kāi xīn.

해석: 오늘은 제가 출근하는 첫날이다. 저는 마침내 선생님이 되었다. 저는 아이들을 매우 좋아해서 대학시절부터 선생님이 되기를 원했다. 대학원 공부가 끝난 후에 교사 자격증을 따고 마침내 제가 원하는 대로 교사가 되었다. 그들은 제 첫번째 제자이다. 지난 담임이 저를 소개하고 있는데 제가 그들의 새로운 담임이 될 것이다. 그들이 저를 소개하는 것을 열심히 듣고 있어서 저는 매우 기쁘다.

12. 妈妈是个很喜欢旅游的人，而且妈妈还喜欢花花的裙子，去年夏天，爸爸带着我们全家去中国玩儿，我们在海南玩儿了整整一周，妈妈非常喜欢拍照，海南的阳光非常足，妈妈总带着白色的帽子遮阳，海南的空气十分新鲜，水果和海鲜非常便宜。这次旅行给我留下了深刻的印象，我还想去中国旅游。

Mā ma shì gè hěn xǐ huān lǚ yóu de rén, ér qiě mā ma hái xǐ huān huā huā de qún zi, qù nián xià tiān, bà ba dài zhe wǒ men quán jiā qù zhōng guó wán r, wǒ men zài hǎi nán wán r le zhěng zhěng yì zhōu, mā ma fēi cháng xǐ huān pāi zhào, hǎi nán de yáng guāng fēi cháng zú, mā ma zǒng dài zhe bái sè de mào zi zhē yáng, hǎi nán de kōng qì shí fēn xīn xiān, shuǐ guǒ hé hǎi xiān fēi cháng pián yi. Zhè cì lǚ xíng gěi wǒ liú xià le shēn kè de yìn xiàng, wǒ hái xiǎng qù zhōng guó lǚ yóu.

해석: 여행을 즐기는 엄마는 화려한 치마를 입는 것을 좋아한다. 작년 여름 아버지가 우리 가족을 데리고 중국에 놀러 갔다. 우리는 하이난에서 일주일 동안 놀았는데, 엄마는 사진찍는 것을 아주 좋아한다. 해남의 햇빛이 매우 강하다. 엄마는 항상 흰색 모자를 써서 햇빛을 피한다. 해남은 공기가 좋고 과일과 해산물이 매우 싸다. 이번 여행은 저에게 깊은 인상을 남겼고, 저는 **중국을** 또 여행하고 싶다.

13. 请介绍一件让你觉得快乐的事情。

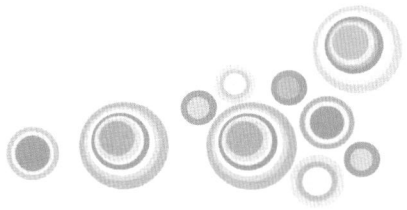

我觉得，运动是一件让我快乐的事情。每天我都迫不及待地想去健身房，我已经健身三年了，在健身房遇到了很多朋友，大家都喜欢健身于是在一起的时候很开心。运动不仅带我认识很多新的朋友，也让我时刻保持充足的精神状态，无论课业有多忙，我都不会感到很累，我总是充满精力。最后，我认为运动让我有一个健康的身体，让我心情愉悦，还能释放很多压力。所以我认为运动是一件让我觉得快乐的事。

Wǒ jué de, yùn dòng shì yí jiàn ràng wǒ kuài lè de shì qíng. Měi tiān wǒ dōu pò bù jí dài de xiǎng qù jiàn shēn fáng, wǒ yǐ jīng jiàn shēn sān nián le, zài jiàn shēn fáng yù dào le hěn duō péng you, dà jiā dōu xǐ huān jiàn shēn yú shì zài yì qǐ de shí hòu hěn kāi xīn. Yùn dòng bù jǐn dài wǒ rèn shì hěn duō xīn de péng you, yě ràng wǒ shí kè bǎo chí chōng zú de jīng shén zhuàng tài, wú lùn kè yè yǒu duō máng, wǒ dū bú huì gǎn dào hěn lèi, wǒ zǒng shì chōng mǎn jīng lì. Zuì hòu, wǒ rèn wéi yùn dòng ràng wǒ yǒu yí gè jiàn kāng de shēn tǐ, ràng wǒ xīn qíng yú yuè, hái néng shì fàng hěn duō yā lì. Suǒ yǐ wǒ rèn wéi yùn dòng shì yí jiàn ràng wǒ jué de kuài lè de shì.

해석: 당신을 즐겁게 하는 일을 소개해 주세요.

저는 운동을 하는 것이 저를 즐겁게 하는 일이라고 생각해요. 매일 저는 지체없이 헬스클럽에 가고 싶어요. 운동한지 이미 3년이 됐어요. 운동하다가 많은 친구를 만났고 다들 헬스를 좋아해서 같이 있을 때 매우 기뻐요. 헬스는 저에게 아주 많은 새로운 친구들을 얻게 해 줬을 뿐만 아니라, 제가 항상 충분한 정신 상태를 유지하게 해요. 수업이 아무리 바빠도 저는 피곤함을 느끼지 않고 항상 집중 잘 할 수 있어요. 마지막으로 운동을 하면 건강한 몸이 되어 기분이 좋고 스트레스도 많이 풀 수 있어요. 그래서 저는 운동을 하는 것이 저를 즐겁게 하는 일이라고 생각해요.

14. 你同意中学生出国留学吗？为什么？

我同意中学生出国留学，因为我认为，出国留学可以学到更多或者见到更多，在自己国家见不到学不到的知识，因为知识不仅是书本上的那些，更多的是在生活中，我们才能学到的知识，书本上的知识只是个基础，或者可以说是为了让我们学到更多知识所做的准备工作。就像学英语，是为了可以了解到更多渠道的信息一样，作为一个工具，是需要我们学习的。我身边也有很多同学在中学的时候选择出国，因为在中学的时候，岁数已经满足出国了。如果中学可以出国有了一定的安全意识和学习意识，比更早的年纪出国安全很多，也进步的更快。所以我同意中学生出国留学。

Wǒ tóng yì zhōng xué shēng chū guó liú xué, yīn wèi wǒ rèn wéi, chū guó liú xué kě yǐ xué dào gèng duō huò zhě jiàn dào gèng duō, zài zì jǐ guó jiā jiàn bú dào xué bú dào de zhī shi, yīn wèi zhī shi bù jǐn shì shū běn shàng dì nà xiē, gèng duō de shì zài shēng huó zhōng, wǒ men cái néng xué dào de zhī shi, shū běn shàng de zhī shi zhǐ shì gè jī chǔ, huò zhě kě yǐ shuō shì wèi le ràng wǒ men xué dào gèng duō zhī shi suǒ zuò de zhǔn bèi gōng zuò. Jiù xiàng xué yīng yǔ, shì wèi le kě yǐ liǎo jiě dào gèng duō qú dào de xìn xī yí yàng, zuò wéi yí gè gōng jù, shì xū yào wǒ men xué xí de. Wǒ shēn biān yě yǒu hěn duō tóng xué zài zhōng xué de shí hòu xuǎn zé chū guó, yīn wèi zài zhōng xué de shí hòu, suì shu yǐ jīng mǎn zú chū guó le. Rú guǒ zhōng xué kě yǐ chū guó yǒu le yí dìng de ān quán yì shí hé xué xí yì shí, bǐ gèng zǎo de nián jì chū guó ān quán hěn duō, yě jìn bù de gèng kuài. Suǒ yǐ wǒ tóng yì zhōng xué shēng chū guó liú xué.

해석: 중학생이 해외 유학 가는 것을 지지해요? 왜요?

저는 중학생이 해외 유학을 가는 것에 동의해요. 왜냐하면 저는 외국에 유학을 가면 더 많이 배우거나 더 많이 얻을 수 있고 자기 나라에서 볼 수 없는 지식을 얻을 수 있기 때문이에요. 지식은 책에 있는 것 뿐만 아니라 생활 속에서만 배울 수 있는 지식도 있어요. 책에 있는 지식은 기반이고 더 많은 새로운 지식을 공부할 수 있도록 준비하는 거예요. 영어를 배우는 것은 더 많은 방향의 정보를 이해하기 위해서 하는 공부예요. 제 주위에도 중학교 때 외국에 가는 것을 선택하는 친구들이 많아요. 왜냐하면 중학교 때 이미 나이가 차서 외국에 가는 것이 만족스러워서요. 만약 중학교 때 출국할 수 있다면 어느 정도의 안전의식과 학습의식을 가지게 되고, 더 이른 나이에 출국하는 것보다 훨씬 안전하고 더 빠르게 발전할 수 있을 것이에요. 그래서 저는 중학생이 유학 가는 것에 동의해요.

<HSKK 중급 모의고사 14> 모범 답안

	원문	병음	의미
1	我在给朋友打电话呢。	Wǒ zài gěi péng you dǎ diàn huà ne.	저는 친구한테 전화하고 있어요.
2	有一天我会想起你的。	Yǒu yì tiān wǒ huì xiǎng qǐ nǐ de.	어느날 당신이 생각날 거에요.
3	我不知道你在说什么。	Wǒ bù zhī dào nǐ zài shuō shén me.	당신은 무슨 말을 하고 있는지 몰라요.
4	我家就住在海边。	Wǒ jiā jiù zhù zài hǎi biān.	제 집은 해변에 있어요.
5	他是我见过的最帅的男生。	Tā shì wǒ jiàn guò de zuì shuài de nán shēng	그는 제가 봤던 사람 중에 제일 멋있는 남자이에요.
6	你有没有想我?	Nǐ yǒu méi yǒu xiǎng wǒ?	저를 보고 싶었어요?
7	欢迎你来我家玩儿。	Huān yíng nǐ lái wǒ jiā wán r.	우리 집에서 놀러 온 걸 환영합니다.
8	他常去图书馆看书。	Tā cháng qù tú shū guǎn kàn shū.	그는 자주 도서관 가서 책을 읽어요.
9	我想带你去南极旅行。	Wǒ xiǎng dài nǐ qù nán jí lǚ xíng.	당신을 데리고 남극으로 여행 가고 싶어요.
10	对不起，我不知道你睡着了。	Duì bù qǐ, wǒ bù zhī dào nǐ shuì zháo le.	미안해요, 당신은 자는 줄 몰랐어요.

11. 我女朋友是个很可爱的女生，她总是对事物充满好奇心，但是想不明白的时候就会傻傻的发呆，我偷拍了她发呆的照片，放在相册里存着，每次想她的时候都会拿出来看一看，我很喜欢我女朋友穿裙子，我觉得非常好看，明年之后我就打算去她的城市找工作，尽快结束异地的生活。

Wǒ nǚ péng you shì gè hěn kě ài de nǚ shēng, tā zǒng shì duì shì wù chōng mǎn hào qí xīn, dàn shì xiǎng bù míng bái de shí hòu jiù huì shǎ shǎ de fā dāi, wǒ tōu pāi le tā fā dāi de zhào piàn, fàng zài xiàng cè lǐ cún zhe, měi cì xiǎng tā de shí hòu dōu huì ná chū lái kàn yí kàn, wǒ hěn xī huān wǒ nǚ péng you chuān qún zi, wǒ jué de fēi cháng hǎo kàn, míng nián zhī hòu wǒ jiù dǎ suàn qù tā de chéng shì zhǎo gōng zuò, jǐn kuài jié shù yì dì de shēng huó.

해석: 제 여자친구는 너무 귀여운 여자이고 호기심을 많이 가지고 있다. 근데 잘 모를 때는 바보처럼 멍 때리기도 하다. 저는 그녀가 멍 때리는 사진을 찍어서 앨범에 담아서 보고 싶을 때마다 꺼내서 봤다. 저는 제 여자 친구가 치마를 입는 것을 매우 좋아한다. 내년에 그녀가 있는 도시로 가서 직업을 찾고 가능한 한 빨리 타지 생활을 끝낼 계획이다.

12. 我非常喜欢运动，尤其是游泳，夏天的时候非常热，如果参加别的运动会出很多汗，但是游泳的话就不会感到十分燥热，心情会舒畅很多，而且游泳非常锻炼肺功能，在水压的协助下，肺功能可以变得更加强大。今天上课老师教了跳水的动作，我们小组都学会了，我感到非常开心。

Wǒ fēi cháng xǐ huān yùn dòng, yóu qí shì yóu yǒng, xià tiān de shí hòu fēi cháng rè, rú guǒ cān jiā bié de yùn dòng huì chū hěn duō hàn, dàn shì yóu yǒng de huà jiù bú huì gǎn dào shí fēn zào rè, xīn qíng huì shū chàng hěn duō, ér qiě yóu yǒng fēi cháng duàn liàn fèi gōng néng, zài shuǐ yā de xié zhù xià, fèi gōng néng kě yǐ biàn dé gèng jiā qiáng dà. Jīn tiān shàng kè lǎo shī jiāo le tiào shuǐ de dòng zuò, wǒ men xiǎo zǔ dōu xué huì le, wǒ gǎn dào fēi cháng kāi xīn.

해석: 저는 운동을 좋아한다. 특히 수영을 좋아하는데, 여름에 너무 더워서 다른 운동을 하러 가면 땀을 많이 흘리는데 수영을 하면

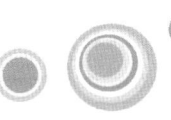

덥지 않고 기분이 상쾌해질 것이다. 수영은 폐를 단련해 준다. 수압의 도움으로 심폐 기능이 더욱 강해진다. 오늘 수업시간에 선생님께서 다이빙 동작을 가르쳐 주시는 것을 우리 그룹이 모두 배워서 저는 매우 기쁘다.

13. 你怎么缓解自己的压力？

我压力大的时候会找朋友聊天，因为我认为压力大如果一直一个人，无法吐露自己的心情，就不能缓解压力，会压力更大，所以和朋友聊天，可以让我很快缓解压力。但是不能总找朋友聊天，别人也有别人的苦恼，所以我常常在压力大的时候去运动，因为我认为运动可以缓解压力，释放自己，运动还能使我感到快乐，也能让我保持健康，这样就算有不高兴的事情，我都会去面对。但很多时候我都没有时间照顾自己缓解压力，因为我的课业很忙。

Wǒ yā lì dà de shí hòu huì zhǎo péng you liáo tiān, yīn wèi wǒ rèn wéi yā lì dà rú guǒ yì zhí yí gè rén, wú fǎ tǔ lù zì jǐ de xīn qíng, jiù bù néng huǎn jiě yā lì, huì yā lì gēng dà, suǒ yǐ hé péng you liáo tiān, kě yǐ ràng wǒ hěn kuài huǎn jiě yā lì. Dàn shì bù néng zǒng zhǎo péng you liáo tiān, bié rén yě yǒu bié rén de kǔ nǎo, suǒ yǐ wǒ cháng cháng zài yā lì dà de shí hòu qù yùn dòng, yīn wèi wǒ rèn wéi yùn dòng kě yǐ huǎn jiě yā lì, shì fàng zì jǐ, yùn dòng hái néng shǐ wǒ gǎn dào kuài lè, yě néng ràng wǒ bǎo chí jiàn kāng, zhè yàng jiù suàn yǒu bù gāo xìng de shì qíng, wǒ dōu huì qù miàn duì. Dàn hěn duō shí hòu wǒ dōu méi yǒu shí jiān zhào gù zì jǐ huǎn jiě yā lì, yīn wèi wǒ de kè yè hěn máng.

해석: 당신은 스트레스를 어떻게 풀어요?

스트레스 많을 때 저는 친구와 이야기 할 거예요. 왜냐하면 스트레스가 큰데 자주 혼자 있으면 기분을 털어 놓지 못 해서 스트레스를 더 많이 받게 돼요. 친구와 이야기를 나누면 빨리 스트레스를 풀 수 있어요. 그런데 자주 친구를 찾아서 얘기하면 안 돼요. 다른 사람도 자신의 스트레스가 있기 때문이에요. 저는 스트레스를 받을 때 자주 운동을 해요. 왜냐하면 운동을 통해 스트레스를 풀 수 있고 저를 기분 좋고 건강하게 할 수 있기 때문이에요. 그러면 기분이 좋지 않은 일이 있어도 혼자 대처할 수 있어요. 그러나 저는 수업이 바빠서 스트레스를 풀 시간이 없어요.

14. 你觉得什么样的老师是好老师？为什么？

我认为，尽到一个老师的责任的老师就是好老师，因为老师的职责在于教书育人，光教好书本上的知识是远远不够的，老师还学要教育学生如何做人，所以，老师需要以身作则。如果可以教书育人还可以以身作则的话，我就认为这样的老师是好老师。这样的老师才是尽到了一个老师的职责。

Wǒ rèn wéi, jìn dào yí gè lǎo shī de zé rèn de lǎo shī jiù shì hǎo lǎo shī, yīn wèi lǎo shī de zhí zé zài yú jiāo shū yù rén, guāng jiāo hǎo shū běn shàng de zhī shi shì yuǎn yuǎn bú gòu de, lǎo shī hái xué yào jiào yù xué shēng rú hé zuò rén, suǒ yǐ, lǎo shī xū yào yǐ shēn zuò zé. Rú guǒ kě yǐ jiāo shū yù rén hái kě yǐ yǐ shēn zuò zé de huà, wǒ jiù rèn wéi zhè yàng de lǎo shī shì hǎo lǎo shī. Zhè yàng de lǎo shī cái shì jìn dào le yí gè lǎo shī de zhí zé.

해석: 어떤 선생님이 좋은 선생님이라고 생각해요? 왜요?

저는 선생님의 책임을 다하는 사람이 바로 좋은 선생님이라고 생각해요. 왜냐하면 선생님의 책임은 지식을 가르치고 사람을 교육하는 건데 책의 지식만 잘 가르치면 부족하다고 생각해요. 선생님은 학생에게 사람이 어떻게 행동하는 것인지를 가르쳐 줘야 돼요. 그래서 선생님은 자기부터 잘 해야 돼요. 만약 지식을 잘 가르치고 인재를 잘 양성할 수 있다면 저는 이런 선생님을 좋은 선생님이라고 생각해요. 이런 교사야말로 선생으로서의 책무를 다 하는 것이에요.

<HSKK 중급 모의고사 15> 모범 답안

	원문	병음	의미
1	我去学校上课。	Wǒ qù xué xiào shàng kè.	저는 학교 가서 수업해요.
2	我去图书馆看书。	Wǒ qù tú shū guǎn kàn shū.	저는 도서관 가서 책을 읽어요.
3	我打算去游泳场游泳。	Wǒ dǎ suàn qù yóu yǒng chǎng yóu yǒng.	저는 수영장 가서 수영할 거에요.
4	你再这样我就生气了。	Nǐ zài zhè yàng wǒ jiù shēng qì le.	계속 이런다면 저는 화날 거에요.
5	我下课后回家吃饭。	Wǒ xià kè hòu huí jiā chī fàn.	수업 끝나고 집에 가서 밥 먹어요.
6	快走吧，要迟到了。	Kuài zǒu ba, yào chí dào le.	빨리 가자, 지각할 거야.
7	一次性纸杯用完就扔掉。	yí cì xìng zhǐ bēi yòng wán jiù rēng diào.	일회용 컵을 사용한 후에 버려야 해요.
8	这个今晚得吃光。	Zhè ge jīn wǎn děi chī guāng.	이것은 오늘 밤에 다 먹어야 해요.
9	请帮我拿一下这把椅子。	Qǐng bāng wǒ ná yí xià zhè bǎ yǐ zi.	이 의자를 들어 주시겠어요?
10	多穿点儿衣服，小心感冒。	Duō chuān diǎn r yī fu, xiǎo xīn gǎn mào.	많이 입고 감기 조심해요.

11. 我在马术学校学习了两个月的马术，现在终于可以独自骑马了，我的马叫小可爱它是一匹可爱的白马，因为性格活泼所以叫小可爱。我和它相处的两个月中，已经产生了很好的默契，这次整个马术学习小组去野外骑马，也是最后的考试项目，只要全部通过我就可以得到一个骑手的训练合格证，希望今天有好成绩。

Wǒ zài mǎ shù xué xiào xué xí le liǎng gè yuè de mǎ shù, xiàn zài zhōng yú kě yǐ dú zì qí mǎ le, wǒ de mǎ jiào xiǎo kě ài tā shì yī pǐ kě ài de bái mǎ, yīn wèi xìng gé huó pō suǒ yǐ jiào xiǎo kě ài. Wǒ hé tā xiāng chǔ de liǎng gè yuè zhōng, yǐ jīng chǎn shēng le hěn hǎo de mò qì, zhè cì zhěng gè mǎ shù xué xí xiǎo zǔ qù yě wài qí mǎ, yě shì zuì hòu de kǎo shì xiàng mù, zhǐ yào quán bù tōng guò wǒ jiù kě yǐ dé dào yí gè qí shǒu de xùn liàn hé gé zhèng, xī wàng jīn tiān yǒu hǎo chéng jì.

해석: 저는 마술 클럽에서 두 달 간 승마를 배웠는데 이제 마침내 혼자 승마를 할 수 있게 되었다. 제 말은 귀염둥이라 불리는데 성격이 활발해서 그렇게 불렀다. 저는 그와 함께 지낸 두 달 동안 이미 호흡을 서로 잘 가졌다. 이번 승마 연습팀이 야외 승마를 갔고 마지막 시험에서 동시에 전부 통과하기만 하면 기수의 훈련 합격증을 받을 수 있으니 오늘 좋은 성적이 있기를 바란다.

12. 今天是和女朋友在一起一年的纪念日，她穿着跟我第一次见面时候的白色蕾丝衣服，和我在第一次见面的饭店，重新回顾了一下我们在一起的这一年。我感到有她这样的女朋友非常幸福，我一定会努力工作，努力让她可以感到安心，让她可以和我组成一个家庭，我很期待我俩的未来。

Jīn tiān shì hé nǚ péng you zài yì qǐ yì nián de jì niàn rì, tā chuān zhe gēn wǒ dì yī cì jiàn miàn shí hòu de bái sè léi sī yī fu, hé wǒ zài dì yī cì jiàn miàn de fàn diàn, chóng xīn huí gù le yí xià wǒ men zài yì qǐ de zhè yì nián. Wǒ gǎn dào yǒu tā zhè yàng de nǚ péng you fēi cháng xìng fú, wǒ yí dìng huì nǔ lì gōng zuò, nǔ lì ràng tā kě yǐ gǎn dào ān xīn, ràng tā kě yǐ hé wǒ zǔ chéng yí gè jiā tíng, wǒ hěn qī dài wǒ liǎ de wèi lái.

해석: 오늘은 여자친구와 함께 한 해를 기념하는 날이다. 그녀는 저와 처음 만났을 때의 흰색 레이스 옷을 입고 저와 처음 만났던 식당에서 우리가 함께 있었던 한 해를 다시 한 번 돌아보았다. 저는 그녀 같은 여자친구가 있다는 것이 매우 행복하다. 저는 반드시 열심히 일해서 그녀가 안심하고 저와 같이 가정을 꾸릴 수 있도록 노력할 것이다.

13. 你经常用手机做什么？

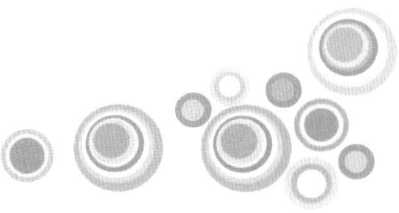

我喜欢用手机玩游戏，还可以用手机看电视剧和上网购物。手机的存在让我和朋友之间的距离更近了，也让我觉得生活很便利。用手机也可以让我放松自己，释放压力，有时候手机也是我的朋友，可以陪伴我度过重复单调的日子。通过手机，我就能和外界的万千世界联通。甚至，听说在中国，出门都不用带现金和信用卡，只要带着手机，去哪里都可以消费结算。如果韩国也变成这样，那我就再也离不开手机了。

Wǒ xǐ huān yòng shǒu jī wán yóu xì, hái kě yǐ yòng shǒu jī kàn diàn shì jù hé shàng wǎng gòu wù. Shǒu jī de cún zài ràng wǒ hé péng you zhī jiān de jù lí gèng jìn le, yě ràng wǒ jué de shēng huó hěn biàn lì. Yòng shǒu jī yě kě yǐ ràng wǒ fàng sōng zì jǐ, shì fàng yā lì, yǒu shí hòu shǒu jī yě shì wǒ de péng you, kě yǐ péi bàn wǒ dù guò chóng fù dān diào de rì zi. Tōng guò shǒu jī, wǒ jiù néng hé wài jiè de wàn qiān shì jiè lián tōng. Shèn zhì, tīng shuō zài zhōng guó, chū mén dōu bú yòng dài xiàn jīn hé xìn yòng kǎ, zhǐ yào dài zhe shǒu jī, qù nǎ lǐ dōu kě yǐ xiāo fèi jié suàn. Rú guǒ hán guó yě biàn chéng zhè yàng, nà wǒ jiù zài yě lí bù kāi shǒu jī le.

해석: 자주 핸드폰으로 뭐해요?

저는 휴대폰으로 게임을 즐겨요. 또 휴대폰으로 드라마를 보고 인터넷 쇼핑도 할 수 있어요. 핸드폰의 존재로 인해 저와 친구 사이의 거리가 가까워졌어요. 또한 저의 생활에 편리함을 느끼게 되었어요. 핸드폰은 저를 편하게 하고 스트레스를 풀어 줄 수 있고 때론 제 친구로 재미 없고 심심한 날을 보내며 핸드폰을 통해 저는 외부의 수많은 세계와 소통할 수 있어요. 심지어 중국에서는 현금과 신용카드를 갖고 다니지 않고 휴대폰만 가지고 있어도 어디를 가도 결제가 된다고 해요. 만약 한국도 이렇게 된다면 저는 더 이상 휴대폰을 떠날 수 없을 것이에요.

14. 有人说"办法总比问题多"，你怎么看？

我认同这样的说法。如果人们不抱着这样的信念，那么人们该如何进步呢，人类社会就不会向前发展了。我认为，在生活中，无论遇到什么问题，到最后都可以解决，很多时候我们陷入问题很复杂的困境中，没有积极思考解决策略，所以导致压力很大，会认为问题很难解决，或者不能解决。但是等情绪平静下来之后，再回头看看问题，或许会多很多解决的想法，这就是有时候我们需要控制好自己的情绪一样，在解决问题上，显得非常重要。所以我认为办法总比问题多，只要我们积极的面对问题。

Wǒ rèn tóng zhè yàng de shuō fǎ. Rú guǒ rén men bú bào zhe zhè yàng de xìn niàn, nà me rén men gāi rú hé jìn bù ne, rén lèi shè huì jiù bú huì xiàng qián fā zhǎn le. Wǒ rèn wéi, zài shēng huó zhōng, wú lùn yù dào shén me wèn tí, dào zuì hòu dōu kě yǐ jiě jué, hěn duō shí hòu wǒ men xiàn rù wèn tí hěn fù zá de kùn jìng zhōng, méi yǒu jī jí sī kǎo jiě jué cè lüè, suǒ yǐ dǎo zhì yā lì hěn dà, huì rèn wéi wèn tí hěn nán jiě jué, huò zhě bù néng jiě jué. Dàn shì děng qíng xù píng jìng xià lái zhī hòu, zài huí tóu kàn kàn wèn tí, huò xǔ huì duō hěn duō jiě jué de xiǎng fǎ, zhè jiù shì yǒu shí hòu wǒ men xū yào kòng zhì hǎo zì jǐ de qíng xù yí yàng, zài jiě jué wèn tí shàng, xiǎn dé fēi cháng zhòng yào. Suǒ yǐ wǒ rèn wéi bàn fǎ zǒng bǐ wèn tí duō, zhǐ yào wǒ men jī jí de miàn duì wèn tí.

해석: 해결책이 문제보다 많다고 하는 사람이 있는데 이 관점에 대해 어떻게 생각해요?

저는 이런 논조를 인정해요. 만약 사람들이 이러한 신념을 가지고 있지 않다면 사람들이 어떻게 진보할 수 있을까요? 인류 사회는 앞으로 발전하지 못 할 거예요. 우리가 살면서 어떤 문제를 부딪쳐도 마지막에 꼭 해결될 거예요. 우리는 복잡한 상황에 처했을 때 적극적으로 해결책을 생각하지 않아서 스트레스를 많이 쌓였어요. 문제가 어렵다고 생각하거나 해결이 안 된다고 생각하기 쉬워요. 하지만 마음이 가라앉은 후에 다시 돌아보면 문제가 많이 풀릴지도 모른다는 생각이 들어요. 그래서 저는 해결책이 항상 문제보다 많다고 생각해요. 단지 우리가 적극적으로 문제에 직면해야 돼요.

<HSKK 중급 모의고사 16> 모범 답안

	원문	병음	의미
1	我在这儿过得很好。	Wǒ zài zhèr guò de hěn hǎo.	저는 여기서 잘 살고 있어요.
2	希望你们玩儿得开心。	Xī wàng nǐ men wán r de kāi xīn.	즐겁게 놀기 바래요.
3	我最近心情不太好。	Wǒ zuì jìn xīn qíng bú tài hǎo.	요즘 기분이 별로 안 좋아요.
4	我最近工作上的压力很大。	Wǒ zuì jìn gōng zuò shàng de yā lì hěn dà.	저는 요즘 일의 스트레스가 많아요.
5	他今天知道会下雨。	Tā jīn tiān zhī dào huì xià yǔ.	그는 오늘이 비가 오는 것을 알고 있어요.
6	因为天气好，所以心情愉快。	Yīn wèi tiān qì hǎo, suǒ yǐ xīn qíng yú kuài.	날씨가 좋아서 기분이 좋아요.
7	我喜欢你，你知道吗？	Wǒ xǐ huān nǐ, nǐ zhī dào ma?	너를 좋아해. 알아?
8	我喜欢吃鱼，但是弟弟不喜欢。	Wǒ xǐ huān chī yú, dàn shì dì di bù xǐ huān.	저는 생선을 좋아하는데 동생은 싫어해요.
9	大家都喜欢踢足球。	Dà jiā dōu xǐ huān tī zú qiú.	사람들은 축구를 좋아해요.
10	爷爷，祝您身体健康。	Yé ye, zhù nín shēn tǐ jiàn kāng.	할아버지, 건강하세요.

11. 同学小李说，她昨天和哥哥新学了一个魔术，想给大家表演，于是她就站在讲台上，开始表演自己的魔术，她的魔术就是将藏在手中的橡皮擦变没，我仔细地看着她的每一个动作，放进手中的橡皮擦真的在她再次打开手的时候不见了，非常神奇，我们都没看明白为什么，于是要求她再表演一遍，她说一个魔术不表演两次，留给大家神秘的想象。

Tóng xué xiǎo lǐ shuō, tā zuó tiān hé gē gē xīn xué le yí gè mó shù, xiǎng gěi dà jiā biǎo yǎn, yú shì tā jiù zhàn zài jiǎng tái shàng, kāi shǐ biǎo yǎn zì jǐ de mó shù, tā de mó shù jiù shì jiāng cáng zài shǒu zhōng de xiàng pí cā biàn méi, wǒ zǐ xì de kàn zhe tā de měi yí gè dòng zuò, fàng jìn shǒu zhōng de xiàng pí cā zhēn de zài tā zài cì dǎ kāi shǒu de shí hòu bú jiàn le, fēi cháng shén qí, wǒ men dōu méi kàn míng bái Wèi shén me, yú shì yāo qiú tā zài biǎo yǎn yí biàn, tā shuō yí gè mó shù bù biǎo yǎn liǎng cì, liú gěi dà jiā shén mì de xiǎng xiàng.

해석: 친구인 이군은 어제 오빠랑 마술을 새로 배워서 연기하고 싶어졌다. 연단에 서서 자신의 마술을 연기하기 시작했다. 그녀의 마술은 손에 넣어둔 지우개를 없애는 것이었다. 저는 그녀의 동작마다 자세히 봤는데 손에 있던 지우개는 진짜 손을 열 때 없어졌다. 매우 신기했다. 우리는 모두 왜 이런지 놀라서 다시 한번 하라고 했는데 한 마술을 두 번 하지 않는다고 했다. 모두에게 신비로운 이미지를 남겨 줘야 된다고 했다.

12. 今天是圣诞节，我们全班给全校准备了一个节目，大合唱，我们班唱歌最好听的女生穿着红色的裙子，站在前面领唱，我们虽然排练了很久，但是唱的还是不太整齐，但是大家都接收到了我们的祝愿，最后我们赢得了第一名，老师和我们一起上台领奖了，真是开心的一天。

Jīn tiān shì shèng dàn jié, wǒ men quán bān gěi quán xiào zhǔn bèi le yí gè jié mù, dà hé chàng, wǒ men bān chàng gē zuì hǎo tīng de nǚ shēng chuān zhe hóng sè de qún zi, zhàn zài qián miàn lǐng chàng, wǒ men suī rán pái liàn le hěn jiǔ, dàn shì chàng de hái shì bú tài zhěng qí, dàn shì dà jiā dōu jiē shōu dào le wǒ men de zhù yuàn, zuì hòu wǒ men yíng dé le dì yī míng, lǎo shī hé wǒ men yì qǐ shàng tái lǐng jiǎng le, zhēn shi kāi xīn de yì tiān.

해석: 오늘은 성탄절이다. 우리 반이 전교생 앞에서 공연 하나 준비했다. 합창을 하는데 우리 반에서 가장 노래를 잘하는 여학생이 빨간 치마를 입고 앞에 서서 우리를 리드했다. 우리는 정말 오랫동안 함께 연습을 했지만 그렇게 일치되지 못 했다. 그런데 모두가 우리의 축복을 받았고 우리는 마지막에 일등이었다. 우리는 선생님과 함께 상을 받으러 무대로 올라갔다. 오늘은 정말 즐거운 하루였다.

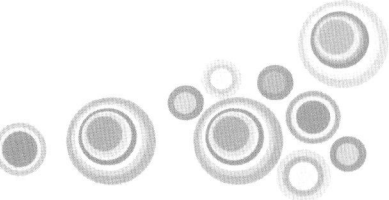

13. 你经常用电脑做什么？

我已经工作两年了，我喜欢用电脑在网上买东西。因为平时工作很忙，下班也很晚，回家只想早点休息，放假的日子经常和朋友聊聊天喝喝咖啡，所以很少有机会可以自己去买东西。在网上买东西非常方便，不需要花费太多的时间和精力，我会常常购买一些日用品，包括饮用水，如果自己去买会很重，很难带回家，网上买可以直接送到家门口，而且，网上的商品种类非常多，很多商品券可以用，商家也常常做活动，所以我也会购买一些零食。

Wǒ yī jīng gōng zuò liǎng nián le, wǒ xī huān yòng diàn nǎo zài wǎng shàng mǎi dōng xi. yīn wèi píng shí gōng zuò hěn máng, xià bān yě hěn wǎn, huí jiā zhǐ xiǎng zǎo diǎn xiū xi, fàng jià de rì zi jīng cháng hé péng you liáo liao tiān hē he kā fēi, suǒ yǐ hěn shǎo yǒu jī huì kě yǐ zì jǐ qù mǎi dōng xi. Zài wǎng shàng mǎi dōng xi fēi cháng fāng biàn, bù xū yào huā fèi tài duō de shí jiān hé jīng lì, wǒ huì cháng cháng gòu mǎi yì xiē rì yòng pǐn, bāo kuò yǐn yòng shuǐ, rú guǒ zì jǐ qù mǎi huì hěn zhòng, hěn nán dài huí jiā, wǎng shàng mǎi kě yǐ zhí jiē sòng dào jiā mén kǒu, ér qiě, wǎng shàng de shāng pǐn zhǒng lèi fēi cháng duō, hěn duō shāng pǐn quàn kě yǐ yòng, shāng jiā yě cháng cháng zuò huó dòng, suǒ yǐ wǒ yě huì gòu mǎi yì xiē líng shí.

해석: 자주 컴퓨터로 뭐해요?

저는 일을 시작한지 2년 됐는데 컴퓨터로 인터넷에서 물건을 사는 것을 좋아해요. 평소 일이 바빠서 퇴근도 늦어요. 집에 가면 일찍 쉬고 싶다는 생각만 해요. 쉬는 날엔 친구들과 자주 이야기를 나누고 커피를 마셔서 혼자 쇼핑을 할 수 있는 기회가 드물어요. 인터넷으로 물건을 살 때 시간이 많이 필요하지 않아, 저는 자주 생활 용품을 구입하는데 생수도 인터넷으로 사요. 혼자 가서 사오면 무거워서 집에 가기 어렵지만 인터넷으로 사면 바로 집 앞까지 배달해 줘요. 상품 종류도 매우 많아요. 그리고 쿠폰도 많고 행사도 많아서 저는 간식도 가끔 사요.

14. 请谈一下手机的好处和坏处。

用手机的好处非常多，手机的存在便利了人们的生活，也改变了人们的生活方式。手机不仅可以传递信息，还可以休闲娱乐，还可以网购。在闲暇的时间里，我常常用手机看小说，我认为用手机看小说非常环保。如果我喜欢的明星有新的电视剧上映，我还会在上下班的路上用手机看电视剧，不仅可以追剧还非常节省时间。虽说手机的好处真的很多，但是手机的坏处也不少，虽然便利了我们的生活，但也让我们依赖手机，一不注意会浪费很多时间在手机上。并且经常用手机的话会让我们的视力受到很大的影响。

Yòng shǒu jī de hǎo chù fēi cháng duō, shǒu jī de cún zài biàn lì le rén men de shēng huó, yě gǎi biàn le rén men de shēng huó fāng shì. Shǒu jī bù jǐn kě yǐ chuán dì xìn xī, hái kě yǐ xiū xián yú lè, hái kě yǐ wǎng gòu. Zài xián xiá de shí jiān lǐ, wǒ cháng cháng yòng shǒu jī kàn xiǎo shuō, wǒ rèn wéi yòng shǒu jī kàn xiǎo shuō fēi cháng huán bǎo. Rú guǒ wǒ xī huān de míng xīng yǒu xīn de diàn shì jù shàng yìng, wǒ hái huì zài shàng xià bān de lù shàng yòng shǒu jī kàn diàn shì jù, bù jǐn kě yǐ zhuī jù hái fēi cháng jié shěng shí jiān. Suī shuō shǒu jī de hǎo chù zhēn de hěn duō, dàn shì shǒu jī de huài chu yě bù shǎo, suī rán biàn lì le wǒ men de shēng huó, dàn yě ràng wǒ men yī lài shǒu jī, yí bù zhù yì huì làng fèi hěn duō shí jiān zài shǒu jī shàng. Bìng qiě jīng cháng yòng shǒu jī de huà huì ràng wǒ men de shì lì shòu dào hěn dà de yǐng xiǎng.

해석: 핸드폰의 장단점을 얘기해 주세요.

휴대폰은 좋은 점이 많아요. 휴대폰의 존재는 사람들의 생활을 편리하게 하며, 사람들의 생활 방식도 변화시켰어요. 핸드폰으로 소식을 전할 수 있을 뿐만 아니라, 여가 오락도 할 수 있고, 인터넷 쇼핑도 할 수 있어요. 한가로운 시간에 저는 항상 휴대폰으로 소설을 봐요. 핸드폰으로 소설을 보는 것은 매우 친환경적이라고 생각해요. 제가 좋아하는 스타가 새로운 드라마에 출연한다면 저는 출퇴근길에 휴대폰으로 드라마를 볼 수 있고 드라마를 놓치지 않을 수 있을 뿐만 아니라 시간도 아낄 수 있어요. 휴대폰의 장점은 정말 많지만 휴대폰의 단점도 적지 않아요. 우리의 삶을 편리하게 하지만 휴대폰에 의존하게 되므로 주의하지 않으면 휴대폰에 시간을 낭비하게 돼요. 또 휴대폰을 자주 사용하면 시력에 큰 영향을 미친 걸로 알고 있어요.

<HSKK 중급 모의고사 17> 모범 답안

	원문	병음	의미
1	我做到了。	Wǒ zuò dào le.	제가 해냈어요.
2	我吃饱了,你慢慢吃。	Wǒ chī bǎo le, nǐ màn man chī.	제가 배 불러요. 천천히 드세요.
3	听说你会唱歌。	Tīng shuō nǐ huì chàng gē.	노래를 잘 부른다고요.
4	我想我们不合适。	Wǒ xiǎng wǒ men bù hé shì.	저는 우리 안 맞다고 생각해요.
5	他是我敬爱的老师。	Tā shì wǒ jìng ài de lǎo shī.	그 분이 우리 사랑하는 선생님이에요.
6	她长得真漂亮。	Tā zhǎng de zhēn piào liang.	그녀는 참 예쁘게 생겼어요.
7	我唱歌很好听。	Wǒ chàng gē hěn hǎo tīng.	저는 노래를 잘 불러요.
8	听说你去中国了?	Tīng shuō nǐ qù zhōng guó le?	중국에 갔다 왔다면서요?
9	我最近晚上睡得很晚。	Wǒ zuì jìn wǎn shàng shuì de hěn wǎn.	요즘엔 밤에 늦게 자요.
10	我跑步跑得比他慢。	Wǒ pǎo bù pǎo de bǐ tā màn.	저는 그 사람보다 느리게 달려요.

11. 今天天气特别好,妈妈建议去野炊,我们去汉江边,铺了毯子,躺在上面做游戏,聊天,吃水果。非常开心,妈妈戴着她最喜欢的帽子,妹妹梳着马尾辫,我穿着爸爸生日时候送我的红色格子衬衫礼物。我们在汉江边晒着太阳聊着天,日子就是这么静好,我希望可以一直这样下去,希望爸爸妈妈平时可以不要太忙,给我和妹妹多一些时间。

Jīn tiān tiān qì tè bié hǎo, mā ma jiàn yì qù yě chuī, wǒ men qù hàn jiāng biān, pù le tǎn zi, tǎng zài shàng miàn zuò yóu xì, liáo tiān, chī shuǐ guǒ. Fēi cháng kāi xīn, mā ma dài zhe tā zuì xǐ huān de mào zi, mèi mei shū zhe mǎ wěi biàn, wǒ chuān zhe bà ba shēng rì shí hòu sòng wǒ de hóng sè gé zi chèn shān lǐ wù. Wǒ men zài hàn jiāng biān shài zhe tài yáng liáo zhe tiān, rì zi jiù shì zhè me jìng hǎo, wǒ xī wàng kě yǐ yì zhí zhè yàng xià qù, xī wàng bà ba mā ma píng shí kě yǐ bú yào tài máng, gěi wǒ hé mèi mei duō yì xiē shí jiān.

해석: 오늘 날씨가 너무 좋아서 어머니는 소풍을 가자고 하셨다. 우리는 한강변에 가서 담요를 깔고 그 위에서 놀고 얘기하고 과일을 먹었다. 매우 기뻤다. 엄마는 제일 좋아하는 모자를 썼고, 여동생은 땋은 머리를 했다. 저는 생일에 아빠가 선물해 주신 빨간 체크 셔츠를 입었다. 우리가 한강에서 햇볕을 쬐며 이야기하고 있으니 날이 이렇게 조용하고 좋다. 저는 지금처럼 계속해 나가길 바란다. 엄마 아빠가 평소에 너무 바쁘게 지내지 말고 나와 여동생에게 좀 더 시간을 내주길 바란다.

12. 今天出门遛狗碰到了对门的邻居,他家的狗是一只白色的大型犬,非常大,他的狗好像很喜欢我家的德国牧羊犬。我们聊了会儿天,他就要继续遛狗了,我也要快点回家开始一天的工作。我很喜欢早上遛狗的时间,不仅可以锻炼身体,还能遇到人聊天,还能呼吸新鲜的空气,早上的阳光也不晒,但是充满希望。

Jīn tiān chū mén liù gǒu pèng dào le duì mén de lín jū, tā jiā de gǒu shì yì zhī bái sè de dà xíng quǎn, fēi cháng dà, tā de gǒu hǎo xiàng hěn xǐ huān wǒ jiā de dé guó mù yáng quǎn. Wǒ men liáo le huì r tiān, tā jiù yào jì xù liù gǒu le, wǒ yě yào kuài diǎn huí jiā kāi shǐ yì tiān de gōng zuò. Wǒ hěn xǐ huān zǎo shang liù gǒu de shí jiān, bù jǐn kě yǐ duàn liàn shēn tǐ, hái néng yù dào rén liáo tiān, hái néng hū xī xīn xiān de kōng qì, zǎo shang de yáng guāng yě bú shài, dàn shì chōng mǎn xī wàng.

해석: 오늘 개를 데리고 나가다 맞은 편에 있는 이웃을 마주쳤다. 그 집의 개는 하얀색의 대형견인데 아주 크다. 그의 개는 우리 집 독일식 셰퍼드를 좋아하는 것 같다. 우리들이 잠시 이야기했는데 그는 계속 개와 산책을 하러 가야 했다. 저도 빨리 집에 돌아와서 하루 일과를 시작해야 했다. 저는 아침에 개와 산책하는 시간을 좋아한다. 신체는 운동할 뿐만 아니라 사람을 만나 이야기를 나눌

수 있고 신선한 공기를 호흡할 수 있다. 아침 햇살도 독하지 않아서 하루를 희망으로 가득찬다.

13. 你一般和朋友在哪里见面？

我一般和朋友在咖啡厅见面，因为平时工作很忙，没有时间坐下来和朋友聊天，所以我们都在咖啡厅见面，然后聊聊最近发生的事情和自己的生活，听一听朋友的事情，来增进感情。我很喜欢喝咖啡，我朋友也是。在咖啡厅见面后，我们通常会去逛街，也会去吃好吃的，我很喜欢吃炸鸡，朋友很喜欢吃意大利面，我们通常都会因为意见不合商量很久到底吃什么。不过虽然平时的工作很忙，但是还能挤出时间和朋友见面，我感到生活很幸福。

Wǒ yì bān hé péng you zài kā fēi tīng jiàn miàn, yīn wèi píng shí gōng zuò hěn máng, méi yǒu shí jiān zuò xià lái hé péng you liáo tiān, suǒ yǐ wǒ men dōu zài kā fēi tīng jiàn miàn, rán hòu liáo liáo zuì jìn fā shēng de shì qíng hé zì jǐ de shēng huó, tīng yì tīng péng you de shì qíng, lái zēng jìn gǎn qíng. Wǒ hěn xǐ huān hē kā fēi, wǒ péng you yě shì. Zài kā fēi tīng jiàn miàn hòu, wǒ men tōng cháng huì qù guàng jiē, yě huì qù chī hǎo chī de, wǒ hěn xǐ huān chī zhá jī, péng you hěn xǐ huān chī yì dà lì miàn, wǒ men tōng cháng dōu huì yīn wèi yì jiàn bù hé shāng liáng hěn jiǔ dào dǐ chī shén me. Bú guò suī rán píng shí de gōng zuò hěn máng, dàn shì hái néng jǐ chū shí jiān hé péng you jiàn miàn, wǒ gǎn dào shēng huó hěn xìng fú.

해석: 보통 친구와 어디서 만나요?

저는 보통 친구들을 커피숍에서 만나요. 평소에는 일이 바쁘고 같이 앉아서 친구와 얘기할 시간도 없어요. 그래서 카페에서 만나서 요즘의 일과 자신의 생활을 얘기하고 친구의 일을 들으면서 감정을 증진시키고 해요. 저도 친구도 커피 마시는 것을 좋아해요. 카페에서 만난 후 우리는 보통 쇼핑을 하고 맛있는 음식도 먹어요. 저는 치킨을 너무 좋아하고 친구들은 스파게티 먹는 것을 좋아해서 우리는 항상 의견이 맞지 않아서 오랫동안 무엇을 먹을지를 얘기해요. 평상시에는 일이 매우 바쁘지만 시간을 짜내서 친구들과 만날 수 있어서 저는 생활이 매우 행복해요.

14. 你喜欢听什么音乐？请介绍一下。

我喜欢很多种音乐，有民谣，KPOP，摇滚，钢琴曲等等。我在不同的情况下听不同的音乐，如果在读书，我一般听安静的音乐，比如钢琴曲。如果感觉比较累，我喜欢听民谣，听民谣的时候感觉就像朋友在你的身旁，诉说着一些故事。如果我在运动，我会听一些节奏快的歌曲，比如流行音乐。如果心情比较悲伤，我会听一些治愈系的歌曲。我最近经常听的一首歌是《你不要担心》，这首歌是韩剧《请回答1988》里面的主题曲。歌词非常优美，累的时候听这首歌很舒服。

Wǒ xǐ huān hěn duō zhǒng yīn yuè, yǒu mín yáo, KPOP, yáo gǔn, gāng qín qǔ děng děng. Wǒ zài bù tóng de qíng kuàng xià tīng bù tóng de yīn yuè, rú guǒ zài dú shū, wǒ yì bān tīng ān jìng de yīn yuè, bǐ rú gāng qín qǔ. Rú guǒ gǎn jué bǐ jiào lèi, wǒ xǐ huān tīng mín yáo, tīng mín yáo de shí hòu gǎn jué jiù xiàng péng you zài nǐ de shēn páng, sù shuō zhe yì xiē gù shì. Rú guǒ wǒ zài yùn dòng, wǒ huì tīng yì xiē jié zòu kuài de gē qǔ, bǐ rú liú xíng yīn yuè. Rú guǒ xīn qíng bǐ jiào bēi shāng, wǒ huì tīng yì xiē zhì yù xì de gē qǔ. Wǒ zuì jìn jīng cháng tīng de yì shǒu gē shì "nǐ bú yào dān xīn", zhè shǒu gē shì hán jù "qǐng huí dá 1988" lǐ miàn de zhǔ tí qǔ. Gē cí fēi cháng yōu měi, lèi de shí hòu tīng zhè shǒu gē hěn shū fu.

해석: 어떤 음악을 좋아해요? 소개해 주세요.

저는 여러 종류의 음악을 좋아해요. 민요, K 팝, 록, 피아노곡 등이 있어요. 저는 다른 상황에서 다른 음악을 들어요. 힘들면 민요 듣는 것을 좋아해요. 민요를 들을 때는 친구가 곁에 있어 이야기하는 기분이 들어요. 만약 제가 운동을 하고 있으면 리듬이 빠른 노래를 들어요. 예를 들면 유행 음악이요. 마음이 슬프면 힐링의 노래를 듣고 싶어요. 제가 요즘 자주 듣는 곡은 '걱정 말아요'예요. 이 노래는 드라마 '응답하라 1988'의 주제곡이에요. 가사가 매우 아름다워서 힘들 때 이 노래를 들으면 참 편해요.

<HSKK 중급 모의고사 18> 모범 답안

	원문	병음	의미
1	儿子喜欢坐飞机。	Ér zi xǐ huān zuò fēi jī.	아들이 비행기 타기를 좋아해요.
2	你听，外面有人来了。	Nǐ tīng, wài miàn yǒu rén lái le.	들어 봐요. 밖에 누가 왔어요.
3	他高兴得跳起来。	Tā gāo xìng de tiào qǐ lái.	그는 기뻐서 뛰었어요.
4	他伤心得哭了。	Tā shāng xīn de kū le.	그는 슬퍼서 울었어요.
5	我不爱做运动。	Wǒ bù ài zuò yùn dòng.	저는 운동하기 싫어요.
6	妈妈知道了这件事情后很生气。	Mā ma zhī dào le zhè jiàn shì qíng hòu hěn shēng qì.	엄마가 이 일을 알게 되서 화났어요.
7	我会写汉字，但是写得不好。	Wǒ huì xiě hàn zì, dàn shì xiě de bù hǎo.	제가 한자 쓸 줄 알지만 잘 못 써요.
8	下午我们一起去跳舞吧。	Xià wǔ wǒ men yì qǐ qù tiào wǔ ba.	오후 같이 춤을 추러 가자.
9	我想买块儿新手表。	Wǒ xiǎng mǎi kuài r xīn shǒu biǎo.	새로운 시계를 사고 싶어요.
10	明天见面再说吧。	Míng tiān jiàn miàn zài shuō ba	내일 만나서 얘기하자.

11. 我爷爷是个闲不下来的老头，他平时没什么事儿的时候就会去公园踢毽子，这是他的运动方式，他还有一帮朋友一起踢毽子，他们都很喜欢踢毽子，踢毽子的爷爷显得神采奕奕，我希望我的爷爷能生活得很开心。爷爷还教我踢毽子，我周末没有事儿的时候就会去找爷爷踢毽子，我很喜欢爷爷跟我聊天的方式。

Wǒ yé ye shì gè xián bù xià lái de lǎo tóu, tā píng shí méi shén me shì r de shí hòu jiù huì qù gōng yuán tī jiàn zi, zhè shì tā de yùn dòng fāng shì, tā hái yǒu yì bāng péng you yì qǐ tī jiàn zi, tā men dōu hěn xǐ huān tī jiàn zi, tī jiàn zi de yé ye xiǎn de shén cǎi yì yì, wǒ xī wàng wǒ de yé ye néng shēng huó de hěn kāi xīn. yé ye hái jiāo wǒ tī jiàn zi, wǒ zhōu mò méi yǒu shì r de shí hòu jiù huì qù zhǎo yé ye tī jiàn zi, wǒ hěn xǐ huān yé ye gēn wǒ liáo tiān de fāng shì.

해석: 저의 할아버지는 한가함을 즐기지 못 한 사람이다. 평소에 할 일이 없을 때 공원에 가서 제기를 차는데 이는 그의 운동 방식이다. 그는 친구들과 제기를 차는 것을 좋아하는데 그들은 모두 제기를 차는 것을 좋아한다. 제기를 찰 때 할아버지는 정신을 매우 집중하신다. 제 할아버지가 계속 즐겁게 살 수 있길 바란다. 저는 주말에 일이 없을 때 할아버지한테 찾아가서 제기차기를 할 것이다. 할아버지가 나와 얘기하는 방식을 매우 좋아한다.

12. 今天是教师节，也是我成为教师的第一个教师节，我收到了学生送给我的礼物，是一盒巧克力，我非常开心，那是我吃过最甜的巧克力，里面满满都是学生对我的爱，我更加热爱自己的工作了，我觉得这就是我活着的意义。我很开心，也很有成就感，我会更加努力。

Jīn tiān shì jiào shī jié, yě shì wǒ chéng wéi jiào shī de dì yī gè jiào shī jié, wǒ shōu dào le xué shēng sòng gěi wǒ de lǐ wù, shì yī hé qiǎo kè lì, wǒ fēi cháng kāi xīn, nà shì wǒ chī guò zuì tián de qiǎo kè lì, lǐ miàn mǎn mǎn dōu shì xué shēng duì wǒ de ài, wǒ gèng jiā rè ài zì jǐ de gōng zuò le, wǒ jué de zhè jiù shì wǒ huó zhe de yì yì. Wǒ hěn kāi xīn, yě hěn yǒu chéng jiù gǎn, wǒ huì gèng jiā nǔ lì.

해석: 오늘은 스승의 날이자 제가 교사가 되고 첫 스승의 날이기도 하다. 저는 학생들이 주는 선물을 받았다. 선물은 한 박스의 초콜릿이다. 저는 매우 기쁘고 그것은 제가 먹었던 초콜릿 중 제일 맛있는 것이다. 그 선물은 학생들의 저를 향한 사랑으로 가득 차 있다. 저는 제 일을 더 좋아하게 되었고 이것은 제 삶의 의미라고 생각한다. 저는 매우 즐겁고 보람도 있어 일을 더 열심히 할 것이다.

13. 你去过中国吗？

我去过中国，去年暑假的时候和全家人一起去了北京，吃了北京烤鸭和炸酱面，我非常喜欢吃北京烤鸭，北京烤鸭吃起来非常香。我们还去参观了故宫，故宫真的非常大，游客也非常多。走了很久才逛了一部分。我们还去爬了长城，当我看到长城的时候，比我在韩国看到的长城照片还壮观。中国人非常热情，我很喜欢中国。

Wǒ qù guò zhōng guó, qù nián shǔ jià de shí hòu hé quán jiā rén yì qǐ qù le běi jīng, chī le běi jīng kǎo yā hé zhá jiàng miàn, wǒ fēi cháng xǐ huān chī běi jīng kǎo yā, běi jīng kǎo yā chī qǐ lái fēi cháng xiāng. Wǒ men hái qù cān guān le gù gōng, gù gōng zhēn de fēi cháng dà, yóu kè yě fēi cháng duō. Zǒu le hěn jiǔ cái guàng le yí bù fèn. Wǒ men hái qù pá le cháng chéng, dāng wǒ kàn dào cháng chéng de shí hòu, bǐ wǒ zài hán guó kàn dào de cháng chéng zhào piàn hái zhuàng guān. Zhōng guó rén fēi cháng rè qíng, wǒ hěn xǐ huān zhōng guó.

해석: 중국 가본 적이 있어요?

저는 중국에 간 적이 있어요. 작년 여름 방학에 온 가족과 함께 베이징에 갔어요. 베이징 오리구이와 짜장면을 먹었어요. 저는 베이징 오리구이를 매우 좋아해서 베이징 오리구이를 매우 맛있게 먹었어요. 우리는 고궁도 구경하였는데 고궁은 정말 매우 크고 관광객도 매우 많아요. 아주 오랫동안 걸어서야 비로소 일부를 돌아 다닐 수 있었어요. 제가 만리장성을 봤을 때 한국에서 본 만리장성의 사진보다 더 장관이에요. 중국인들은 매우 친절해서 저는 중국을 매우 좋아해요.

14. 请介绍一下你的好朋友。

我的好朋友是我的宠物狗，它每天都陪着我，我在家的时候陪着我看电视，我有空的时候也会带它出去转一转公园，我很喜欢它，我会跟它交流，我的烦心事都会告诉它，它会一直默默的陪着我，让我觉得很温暖，我们相处三年了，它是我最好的朋友。

Wǒ de hǎo péng you shì wǒ de chǒng wù gǒu, tā měi tiān dōu péi zhe wǒ, wǒ zài jiā de shí hòu péi zhe wǒ kàn diàn shì, wǒ yǒu kòng de shí hòu yě huì dài tā chū qù zhuàn yí zhuàn gōng yuán, wǒ hěn xǐ huān tā, wǒ huì gēn tā jiāo liú, wǒ de fán xīn shì dōu huì gào sù tā, tā huì yì zhí mò mò de péi zhe wǒ, ràng wǒ jué de hěn wēn nuǎn, wǒ men xiāng chǔ sān nián le, tā shì wǒ zuì hǎo de péng you.

해석: 좋은 친구를 소개해 주세요.

저의 좋은 친구는 저의 애완견이에요. 매일 저와 함께 있어요. 제가 집에 있을 때 텔레비전을 보고 제가 시간이 날 때마다 공원을 돌아 다니는 것을 좋아해요. 저는 그것을 매우 좋아해요. 저는 그와 자주 교류해요. 저의 걱정거리는 모두 애완견에게 말하는데 그것이 줄곧 묵묵히 저와 동행하는 것이 제 마음을 따뜻하게 해 줘요. 우리는 3년을 함께 보냈는데 저의 가장 좋은 친구예요.

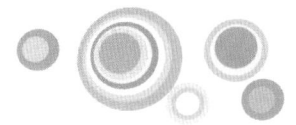

<HSKK 중급 모의고사 19> 모범 답안

	원문	병음	의미
1	他想家想哭了。	Tā xiǎng jiā xiǎng kū le.	그는 집을 그리워서 울었어요.
2	衣服洗得干净极了。	Yī fu xǐ dé gān jìng jí le.	빨래는 깨끗하게 잘 했어요.
3	爷爷会打太极拳。	Yé ye huì dǎ tài jí quán.	할버지는 태극권을 할 줄 알아요.
4	我要去飞机场接我的中国朋友。	Wǒ yào qù fēi jī chǎng jiē wǒ de zhōng guó péng you.	공항에 중국 친구를 마중하러 가요.
5	我今天去公园锻炼身体。	Wǒ jīn tiān qù gōng yuán duàn liàn shēn tǐ.	제가 오늘이 공원에 가서 운동해요.
6	听天气预报说明天会下雨。	Tīng tiān qì yù bào shuō míng tiān huì xià yǔ.	일기예보에 따라 내일 비가 올 것같아요.
7	我下午两点去机场坐飞机。	Wǒ xià wǔ liǎng diǎn qù jī chǎng zuò fēi jī.	오후 두시에 공항에 가서 비행기를 타요.
8	考试还没开始呢。	Kǎo shì hái méi kāi shǐ ne.	시험 아직 시작 안 했어요.
9	自行车坏在路上了。	Zì xíng chē huài zài lù shàng le.	자전거는 길에서 고장났어요.
10	天气真的很糟糕。	Tiān qì zhēn de hěn zāo gāo.	날씨가 너무 나빠요.

11. 我的中文老师是位很优雅的女士，她喜欢穿红色的衣服，她还喜欢珍珠项链，这周一我去学院上最后一节中文课，我就要毕业了，我的中文老师送了我一本书作为毕业礼物，我学汉语三年了，现在可以读不加拼音的中文书了，谢谢老师送我书，我会好好读的。

Wǒ de zhōng wén lǎo shī shì wèi hěn yōu yǎ de nǚ shì, tā xǐ huān chuān hóng sè de yī fu, tā hái xǐ huān zhēn zhū xiàng liàn, zhè zhōu yī wǒ qù xué yuàn shàng zuì hòu yī jié zhōng wén kè, wǒ jiù yào bì yè le, wǒ de zhōng wén lǎo shī sòng le wǒ yī běn shū zuò wéi bì yè lǐ wù, wǒ xué hàn yǔ sān nián le, xiàn zài kě yǐ dú bù jiā pīn yīn de zhōng wén shū le, xiè xie lǎo shī sòng wǒ shū, wǒ huì hǎo hāo dú de.

해석: 저의 중국어 선생님은 매우 우아한 여사님이시다. 그녀는 빨간 옷을 입고 진주 목걸이를 쓰는 것을 좋아한다. 이번 주 월요일에 저는 학원에 가서 마지막 중국어 수업을 받았다. 저는 졸업을 할 것이다. 저의 중국어 선생님은 졸업 선물로 저에게 책 한 권을 주었다. 저는 중국어를 배운지 3년이 됐다. 이제 핀인이 없는 책도 읽을 수 있다. 책을 주셔서 너무 감사한다. 잘 읽을 것이다.

12. 周末参加了姐姐的婚礼，姐姐和姐夫相恋了五年，终于步入了婚姻的殿堂，婚礼开始的时候我激动得要流眼泪了。姐夫是位很有名的律师，我很佩服他的能力，他是个可敬的人。大学毕业之后，我也想成为一名律师，爸爸妈妈也非常开心，姐姐终于嫁出去了，姐姐一定会幸福的。

Zhōu mò cān jiā le jiě jie de hūn lǐ, jiě jie hé jiě fū xiāng liàn le wǔ nián, zhōng yú bù rù le hūn yīn de diàn táng, hūn lǐ kāi shǐ de shí hòu wǒ jī dòng de yào liú yǎn lèi le. Jiě fū shì wèi hěn yǒu míng de lǜ shī, wǒ hěn pèi fu tā de néng lì, tā shì gè kě jìng de rén. Dà xué bì yè zhī hòu, wǒ yě xiǎng chéng wéi yì míng lǜ shī, bà ba mā ma yě fēi cháng kāi xīn, jiě jie zhōng yú jià chū qù le, jiě jie yí dìng huì xìng fú de.

해석: 주말에 언니 결혼식에 참석했다. 언니와 형부가 5년 동안 사랑하다가 결혼을 했다. 결혼식이 시작되자 너무 설레서 눈물이 날 뻔했다. 형부은 매우 유명한 변호사이다. 저는 그의 능력에 탄복한다. 그는 존경할 만한 사람이다. 대학 졸업 후 저도 변호사가 되고 싶다. 엄마 아빠도 너무 기쁘다. 언니가 드디어 시집갔다. 언니는 꼭 행복할 것이다.

13. 你有出国旅游的经历吗？谈谈感受。

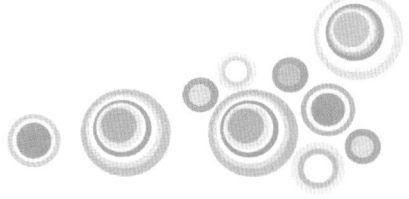

我没有出国旅游的经历，但是今年寒假我很想去中国北京旅游，我想感受在中国过年的感觉，我还想去故宫，听说冬天的故宫特别美，如果能赶上下雪天。希望可以感受它的庄严绚丽，感受故宫的历史文化。我还想去八达岭长城，看到图片的时候我就已经迫不及待的想去亲眼看看它的雄伟壮观了。我想去吃各种各样的中国美食，我已经做了旅游计划。我打算去全聚德吃地道的北京烤鸭，去簋街吃美味的麻辣小龙虾，期待寒假可以去中国旅游。

Wǒ méi yǒu chū guó lǚ yóu de jīng lì, dàn shì jīn nián hán jià wǒ hěn xiǎng qù zhōng guó běi jīng lǚ yóu, wǒ xiǎng gǎn shòu zài zhōng guó guò nián de gǎn jué, wǒ hái xiǎng qù gù gōng, tīng shuō dōng tiān de gù gōng tè bié měi, rú guǒ néng gǎn shàng xià xuě tiān. Xī wàng kě yǐ gǎn shòu tā de zhuāng yán xuàn lì, gǎn shòu gù gōng de lì shǐ wén huà. Wǒ hái xiǎng qù bā dá lǐng cháng chéng, kàn dào tú piàn de shí hòu wǒ jiù yǐ jīng pò bù jí dài de xiǎng qù qīn yǎn kàn kan tā de xióng wěi zhuàng guān le. Wǒ xiǎng qù chī gè zhǒng gè yàng de zhōng guó měi shí, wǒ yǐ jīng zuò le lǚ yóu jì huà. Wǒ dǎ suàn qù quán jù dé chī dì dào de běi jīng kǎo yā, qù guǐ jiē chī měi wèi de má là xiǎo lóng xiā, qī dài hán jià kě yǐ qù zhōng guó lǚ yóu.

해석: 외국 여행 경험이 있어요? 얘기해 주세요.

저는 외국 여행 경험이 없는데, 이번 겨울 방학 때 중국 베이징 여행을 가고 싶고, 중국에서 설날을 보내는 기분을 느끼고 싶어요. 설날을 맞아 축하 행사도 많이 있대요. 저는 설날 축하 방송을 봤는데 정말 재미 있었어요. 저는 또 고궁에 가고 싶어요. 겨울에 고궁이 특히 아름답다고 들었는데 눈이 오는 날이 왔으면 좋겠어요. 장엄하고 화려한 고궁의 역사와 문화를 느낄 수 있기를 바라고 또 팔달령 장성에 가고 싶어요. 사진을 봤을 때 이미 그 웅장한 장관을 직접 빨리 보고 싶었어요. 저는 여러 가지 중국 음식을 먹고 싶어요. 이미 여행 계획을 다 짰어요. 전취덕에 가서 베이징 오리구이를 먹고 싶고 란지에 거리에 가서 맛있는 매콤한 바닷 가재를 먹으려고 해요. 이번 겨울 방학 때 베이징 여행을 갈 수 있었으면 해요.

14. 请谈一谈自己生命中最重要的那个人。

我生命中最重要的人是我学习中文时候的老师，因为我非常喜欢中文，我觉得中文老师讲的中文也很有意思，就算一次上课三个多小时，我也一分钟都不想错过。我很喜欢中国的文化，我的中文老师总是会送我一些中国的小吃，我觉得很好吃，希望可以在下个暑假去中国旅游，所以我要很努力地学习中文，和我最喜欢的老师一起学习中文是件很有意思的事情。此外，我的中文老师也会教我如何交中国朋友。这也让我感觉很开心，因为我交到了很多中国朋友。我很感谢我的中文老师。

Wǒ shēng mìng zhòng zuì zhòng yào de rén shì wǒ xué xí zhōng wén shí hòu de lǎo shī, yīn wèi wǒ fēi cháng xǐ huān zhōng wén, wǒ jué de zhōng wén lǎo shī jiǎng de zhōng wén yě hěn yǒu yì si, jiù suàn yí cì shàng kè sān gè duō xiǎo shí, wǒ yě yì fēn zhōng dōu bù xiǎng cuò guò. Wǒ hěn xǐ huān zhōng guó de wén huà, wǒ de zhōng wén lǎo shī zǒng shì huì sòng wǒ yì xiē zhōng guó de xiǎo chī, wǒ jué de hěn hǎo chī, xī wàng kě yǐ zài xià gè shǔ jià qù zhōng guó lǚ yóu, suǒ yǐ wǒ yào hěn nǔ lì de xué xí zhōng wén, hé wǒ zuì xǐ huān de lǎo shī yì qǐ xué xí zhōng wén shì jiàn hěn yǒu yì si de shì qíng. Cǐ wài, wǒ de zhōng wén lǎo shī yě huì jiāo wǒ rú hé jiāo zhōng guó péng you. Zhè yě ràng wǒ gǎn jué hěn kāi xīn, yīn wèi wǒ jiāo dào le hěn duō zhōng guó péng you. wǒ hěn gǎn xiè wǒ de zhōng wén lǎo shī.

해석: 제일 좋아하는 선생님을 소개해 주세요.

제가 가장 좋아하는 선생님은 중국어 선생님이에요. 저는 중국어를 매우 좋아해요. 중국어 선생님이 강의하는 중국어 수업도 재미있어요. 한 번에 3시간 이상 수업을 해도 1분도 놓치지 않으려고 해요. 저는 중국의 문화를 매우 좋아해요. 저의 중국어 선생님은 항상 저에게 중국 음식을 해 주시고 매우 맛있어요. 저는 다음 여름 방학에 중국에 여행을 갈 수 있기를 바래요. 그래서 열심히 중국어를 공부하려고 해요. 제가 가장 좋아하는 선생님과 함께 중국어를 배우는 것이 아주 재미 있어요. 또한 중국어 선생님은 저에게 어떻게 중국 친구를 사귀는지 가르쳐 주세요. 저의 중국어 선생님에게 감사해요.

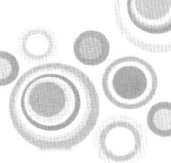

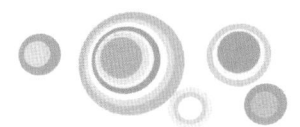

<HSKK 중급 모의고사 20> 모범 답안

	원문	병음	의미
1	妈妈刚刚出门了。	Māma gānggāng chū mén le.	엄마가 방금 외출했어요.
2	她出差一个月了。	Tā chū chāi yí gè yuè le.	그녀가 출장간지 1달 됐어요.
3	这个歌手唱歌很好听。	Zhè ge gē shǒu chàng gē hěn hǎo tīng.	이 가수는 노래를 잘 부르네요.
4	这是新出的手机游戏。	Zhè shì xīn chū de shǒu jī yóu xì.	이것은 새로운 나온 휴대폰 게임이에요.
5	这是我送给你的生日礼物。	Zhè shì wǒ sòng gěi nǐ de shēng rì lǐ wù.	이것은 당신한테 주는 생일 선물이에요.
6	我喜欢下雨的时候听音乐。	Wǒ xǐ huān xià yǔ de shí hòu tīng yīn yuè.	비가 올 때 제가 음악을 듣기 좋아해요.
7	春天到了，花儿都开了。	Chūn tiān dào le, huā r dōu kāi le.	봄이 왔고 꽃이 피었어요.
8	山上的树叶都变红了。	Shān shàng de shù yè dōu biàn hóng le.	산 위의 나뭇 잎이 다 빨개졌어요.
9	这真是一件让人头疼的事情。	Zhè zhēn shi yí jiàn ràng rén tóu téng de shì qíng.	이 일은 몹시 사람을 머리 아프게 하네요.
10	直到今天我才知道真相。	Zhí dào jīn tiān wǒ cái zhī dào zhēn xiàng.	오늘까지 진실을 알게 됐어요.

11. 今天去考驾照的时候老师给我们展示了一些交通事故的照片还有一些不规范操作的照片，希望我们可以避免这些现象，安全驾驶，安全出行，其中我印象很深的一个照片就是一位女士穿着裙子和高跟鞋骑摩托车，她虽然带着头盔，但是看起来真的很危险，本身的穿戴会让她对开摩托车这件事情分心，所以，老师建议我们不要这样做。

Jīn tiān qù kǎo jià zhào de shí hòu lǎo shī gěi wǒ men zhǎn shì le yì xiē jiāo tōng shì gù de zhào piàn hái yǒu yì xiē bù guī fàn cāo zuò de zhào piàn, xī wàng wǒ men kě yǐ bì miǎn zhè xiē xiàn xiàng, ān quán jià shǐ, ān quán chū xíng, qí zhōng wǒ yìn xiàng hěn shēn de yí gè zhào piàn jiù shì yí wèi nǚ shì chuān zhuó qún zi hé gāo gēn xié qí mó tuō chē, tā suī rán dài zhe tóu kuī, dàn shì kàn qǐ lái zhēn de hěn wēi xiǎn, běn shēn de chuān dài huì ràng tā duì kāi mó tuō chē zhè jiàn shì qíng fēn xīn, suǒ yǐ, lǎo shī jiàn yì wǒ men bú yào zhè yàng zuò.

해석: 오늘 운전 면허 시험을 치러 갈 때 선생님께서 교통 사고 사진과 나쁜 운전 예시 사진을 보여 주셨다. 이런 현상을 피해서 안전 운전 하기를 바란다고 한다. 그 중 인상 깊은 사진 한 장은 한 여성이 치마와 하이힐을 신고 오토바이를 타는 모습이었다. 헬멧을 쓰고 있지만 위험해 보인다. 자신의 옷차림이 오토바이 타는 것에 영향을 줄 것이다. 그래서 선생님이 우리 보고 이렇게 하지 않았으면 좋겠다고 하셨다.

12. 今天结束了口语考试，学习汉语已经半年了，我觉得我的口语说的还是不流利，非常沮丧，监考张老师鼓励了我，她跟我说，一般学习半年的汉语的人口语没有这么好，我听到之后还挺开心的，重新充满了动力，她还给我竖了大拇指鼓励我，非常感谢我的张老师。

Jīn tiān jié shù le kǒu yǔ kǎo shì, xué xí hàn yǔ yǐ jīng bàn nián le, wǒ jué de wǒ de kǒu yǔ shuō de hái shì bù liú lì, fēi cháng jǔ sàng, jiān kǎo zhāng lǎo shī gǔ lì le wǒ, tā gēn wǒ shuō, yì bān xué xí bàn nián de hàn yǔ de rén kǒu yǔ méi yǒu zhè me hǎo, wǒ tīng dào zhī hòu hái tǐng kāi xīn de, chóng xīn chōng mǎn le dòng lì, tā hái gěi wǒ shù le dà mǔ zhǐ gǔ lì wǒ, fēi cháng gǎn xiè wǒ de zhāng lǎo shī.

해석: 오늘 말하기 시험이 끝났다. 저는 중국어를 배운 지 반년이 되었는데 아직도 유창하지 않아 매우 우울했다. 시험 감독 장 선생님이 격려해 주셨다. 저한테 보통 중국어를 반년동안 공부한 사람은 저만큼 실력이 좋은 사람이 많지 않다고 했다. 저는 그 말을 들으니 매우 기뻤다. 다시 에너지를 충만했다. 선생님이 저한테 엄지질을 해 주셨다. 장 선생님한테 감사의 말씀을 드리고 싶다.

13. 你对女生喜欢改变自己的发色有什么看法？

我认为，女生喜欢染发是一件热爱生活的事情。因为对新鲜的事物的追求，就是希望可以遇见更完美的自己，遇见更美丽的自己，就是热爱生活的表现之一。我认为，女生喜欢改变自己的外貌，也是追求美丽的一种方式。尝试更多可能性是一种年轻的心态。所以我很支持这样的做法。我也希望女生可以做最好的自己，这样社会就会变的很有爱，有趣。

Wǒ rèn wéi, nǚ shēng xǐ huān rǎn fà shì yí jiàn rè ài shēng huó de shì qíng. Yīn wèi duì xīn xiān de shì wù de zhuī qiú, jiù shì xī wàng kě yǐ yù jiàn gèng wán měi de zì jǐ, yù jiàn gèng měi lì de zì jǐ, jiù shì rè ài shēng huó de biǎo xiàn zhī yī. Wǒ rèn wéi, nǚ shēng xǐ huān gǎi biàn zì jǐ de wài mào, yě shì zhuī qiú měi lì de yì zhǒng fāng shì. Cháng shì gèng duō kě néng xìng shì yì zhǒng nián qīng de xīn tài. Suǒ yǐ wǒ hěn zhī chí zhè yàng de zuò fǎ. Wǒ yě xī wàng nǚ shēng kě yǐ zuò zuì hǎo de zì jǐ, zhè yàng shè huì jiù huì biàn de hěn yǒu ài, yǒu qù.

해석: 여자가 자신의 머리카락을 염색하는 것에 대해 어떻게 생각해요?

저는 여학생이 염색을 좋아하는 것은 삶을 사랑하는 일이라고 생각해요. 왜냐하면 새로운 것에 대한 추구는 더 완벽한 자신을 만나길 바라는 것이고, 더 아름다운 자신을 만나는 것이에요. 삶을 사랑하는 표현 중 하나이기도 해요. 여자들이 외모를 바꾸기를 좋아하는 것은 아름다움을 추구하는 방법이라고 생각해요. 더 많은 가능성을 시도하는 것은 일종의 젊은 심리 상태예요. 그래서 저는 이를 매우 지지해요. 저도 여자들처럼 제일 자신 있는 모습을 하고 이렇게 하면 사회가 사랑스럽고 재미 있어질 거예요.

14. 你说一说自己为环境保护做了哪些贡献？

我在保护环境方面，首先，我会垃圾分类，虽然有些人并不重视垃圾分类，但我认为垃圾分类对保护环境起到重要作用，很多人觉得很麻烦，但是如果我们自己不进行垃圾分类，就会给相关工作的人加大工作量。其次，我从不乱扔垃圾，而且，在家里的时候，我都购买垃圾袋进行垃圾分类，再扔垃圾。我认为购买垃圾袋也是为环境保护做贡献的一种方式。最后，我尽量少用塑料制品，每次去超市购物我都会带自己的购物袋，这样也减少了塑料垃圾。塑料垃圾是现在垃圾种类中最难处理的一种。

Zài bǎo hù huán jìng fāng miàn, shǒu xiān, wǒ huì lā jī fēn lèi, suī rán yǒu xiē rén bìng bú zhòng shì lā jī fēn lèi, dàn wǒ rèn wéi lā jī fēn lèi duì bǎo hù huán jìng qǐ dào zhòng yào zuò yòng, hěn duō rén jué de hěn má fan, dàn shì rú guǒ wǒ men zì jǐ bù jìn xíng lā jī fēn lèi, jiù huì gěi xiāng guān gōng zuò de rén jiā dà gōng zuò liàng. Qí cì, wǒ cóng bú luàn rēng lā jī, ér qiě, zài jiā lǐ de shí hòu, wǒ dōu gòu mǎi lā jī dài jìn xíng lā jī fēn lèi, zài rēng lā jī. Wǒ rèn wéi gòu mǎi lā jī dài yě shì wèi huán jìng bǎo hù zuò gòng xiàn de yì zhǒng fāng shì. Zuì hòu, wǒ jǐn liàng shǎo yòng sù liào zhì pǐn, měi cì qù chāo shì gòu wù wǒ dōu huì dài zì jǐ de gòu wù dài, zhè yàng yě jiǎn shǎo le sù liào lā jī. Sù liào lā jī shì xiàn zài lā jī zhǒng lèi zhōng zuì nán chě lǐ de yì zhǒng.

해석: 자신이 환경보호를 위해 어떤 공헌을 했는지 얘기해 주세요.

저는 환경 보호를 하기 위해 우선 쓰레기 분류를 해야 한다고 생각해요. 쓰레기 분류를 중시하지 않는 사람들이 있지만 저는 쓰레기 분류가 환경 보호에 중요한 역할을 한다고 생각해요. 많은 사람들이 번거롭게 생각하지만 우리가 쓰레기 분류를 하지 않으면 관련 업무 종사자들이 일을 더 많이 해야 한다. 둘째, 저는 쓰레기를 함부로 버리지 않아요. 집에 있을 때는 쓰레기봉투를 사서 쓰레기를 분류해서 쓰레기를 버리곤 했어요. 저는 쓰레기봉투를 사는 것도 환경 보호에 공헌하는 방식이라고 생각해요. 마지막으로 저는 플라스틱 제품을 적게 사용하고 슈퍼마켓에 갈 때마다 쇼핑백을 가지고 다녀서 플라스틱 쓰레기를 줄였어요. 플라스틱 쓰레기는 현재 쓰레기의 종류 중 가장 처리가 어려운 종류예요.

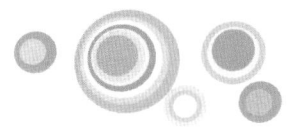

\<HSKK 중급 모의고사 21\> 모범 답안

	원문	병음	의미
1	我打算学好汉语后去中国工作。	Wǒ dǎ suàn xué hǎo hàn yǔ hòu qù zhōng guó gōng zuò.	중국어를 잘 공부해서 중국가서 일할 계획예요.
2	早睡早起有利于身体健康。	Zǎo shuì zǎo qǐ yǒu lì yú shēn tǐ jiàn kāng.	일찍 자고 일찍 일어나면 건강에 좋아요.
3	我去看足球比赛。	Wǒ qù kàn zú qiú bǐ sài.	저는 축구 게임을 보러 갈 거예요.
4	我和家人乘坐飞机出去旅游。	Wǒ hé jiā rén chéng zuò fēi jī chū qù lǚ yóu.	가족들과 비행기 타고 여행가요.
5	去年他辞职了。	Qù nián tā cí zhí le.	그는 작년에 그만뒀어요.
6	前年我们又见面了。	Qián nián wǒ men yòu jiàn miàn le.	재작년에 우리도 만났어요.
7	我朋友学习很好。	Wǒ péng you xué xí hěn hǎo.	제 친구는 공부를 잘해요.
8	我们学校1月开始放假。	Wǒ men xué xiào 1 yuè kāi shǐ fàng jià.	우리 학교는 1월부터 방학해요.
9	我想成为优秀的人。	Wǒ xiǎng chéng wéi yōu xiù de rén.	저는 훌륭한 사람이 되고 싶어요.
10	我想学习画画。	Wǒ xiǎng xué xí huà huà.	저는 그림을 배우고 싶어요.

11. 今天是毕业典礼，我们要在学校的草坪上拍毕业照，妈妈很早就起来给我熨衣服，我今天要穿一件胸前有刺绣的白色衬衫，这件衬衫是我爸爸在我过生日的时候送我的，我十分喜欢，到现在为止才拿出来穿，平时就放在衣柜里保存着，谢谢妈妈今天早起给我熨衣服，快要毕业了还有点儿舍不得同学们。

Jīn tiān shì bì yè diǎn lǐ, wǒ men yào zài xué xiào de cǎo píng shàng pāi bì yè zhào, mā ma hěn zǎo jiù qǐ lái gěi wǒ yùn yī fu, wǒ jīn tiān yào chuān yí jiàn xiōng qián yǒu cì xiù de bái sè chèn shān, zhè jiàn chèn shān shì wǒ bà ba zài wǒ guò shēng rì de shí hòu sòng wǒ de, wǒ shí fēn xǐ huān, dào xiàn zài wéi zhǐ cái ná chū lái chuān, píng shí jiù fàng zài yī guì lǐ bǎo cún zhe, xiè xie mā ma jīn tiān zǎo qǐ gěi wǒ yùn yī fu, kuài yào bì yè le hái yǒu diǎn r shě bu dé tóng xué men.

해석: 오늘은 졸업식인데 우리들은 학교 잔디밭에서 졸업 사진을 찍으러 가야 된다. 엄마는 일찍 일어나셔서 다리미질을 해 주셨다. 오늘 저는 가슴 앞에 자수가 있는 흰색 셔츠를 입으려고 한다. 이 셔츠는 우리 아빠가 제 생일 때 선물로 사 준 것이다. 저는 이 옷을 매우 좋아한다. 이제야 꺼내서 입는다. 평소에는 옷장에서 보관하고 있었다. 엄마가 오늘 일찍 일어나서 다리미질을 해 주셔서 감사한다. 곧 졸업하니 친구들이랑 헤어지는 게 너무 아쉽다.

12. 昨天放学的时候看到两位老大爷在街边下象棋，他们非常专注，他们的棋盘是一个木板，下面有个木头箱子支起来，只要心中有象棋，在哪儿都能下，我跟爸爸一起来中国有一年了，虽然还不会说中文，但是大概能听懂了，我很喜欢中国的美食，也很喜欢中国热情的人，我希望以后可以留在这里。

Zuó tiān fàng xué de shí hòu kàn dào liǎng wèi lǎo dà ye zài jiē biān xià xiàng qí, tā men fēi cháng zhuān zhù, tā men de qí pán shì yí gè mù bǎn, xià miàn yǒu gè mù tou xiāng zi zhī qǐ lái, zhǐ yào xīn zhōng yǒu xiàng qí, zài nǎr dōu néng xià, wǒ gēn bà ba yì qǐ lái zhōng guó yǒu yì nián le, suī rán hái bú huì shuō zhōng wén, dàn shì dà gài néng tīng dǒng le, wǒ hěn xǐ huān zhōng guó de měi shí, yě hěn xǐ huān zhōng guó rè qíng de rén, wǒ xī wàng yǐ hòu kě yǐ liú zài zhè lǐ.

해석: 어제 방과 후에 길거리에서 장기를 두는 할아버지 두 분을 봤다. 그들은 매우 집중을 한다. 장기판은 나무판이고 아래에 나무 상자 두 개가 있다. 마음 속에 장기가 있으면 어디서든 둘 수 있다. 저는 아빠와 함께 중국에 온지 1년이 됐다. 저는 중국어를 아직 못 하지만 알아 들을 수 있다. 저는 중국의 음식을 매우 좋아하고 중국의 친절한 사람을 좋아한다. 앞으로도 여기에 남을 수 있기

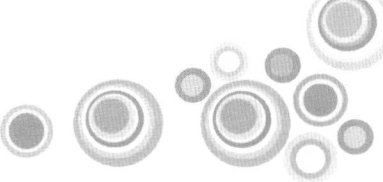

를 바란다.

13. 有人说"早睡早起，身体健康"你怎么看？

我十分认同，并且我想养成早睡早起的习惯，因为我认为，只有做到早睡早起，每天才可以头脑清醒，做其他的事情才更有效率，更快的可以完成自己的工作。并且，早睡早起是一个好习惯，因为可以保持身体健康，每天早上起来都可以看到富有生命力的阳光，可以让我一整天都保持愉快的心情。最后我认为早睡早起是一件很难做到的事情，如果我可以坚持做到早睡早起，我一定是个很有毅力的人。所以我希望可以养成早睡早起的习惯。

Wǒ shí fèn rèn tóng, bìng qiě wǒ xiǎng yǎng chéng zǎo shuì zǎo qǐ de xí guàn, yīn wèi wǒ rèn wéi, zhǐ yǒu zuò dào zǎo shuì zǎo qǐ, měi tiān cái kě yǐ tóu nǎo qīng xǐng, zuò qí tā de shì qíng cái gèng yǒu xiào lǜ, gèng kuài de kě yǐ wán chéng zì jǐ de gōng zuò. Bìng qiě, zǎo shuì zǎo qǐ shì yí gè hǎo xí guàn, yīn wèi kě yǐ bǎo chí shēn tǐ jiàn kāng, měi tiān zǎo shang qǐ lái dōu kě yǐ kàn dào fù yǒu shēng mìng lì de yáng guāng, kě yǐ ràng wǒ yī zhěng tiān dū bǎo chí yú kuài de xīn qíng. Zuì hòu wǒ rèn wéi zǎo shuì zǎo qǐ shì yí jiàn hěn nán zuò dào de shì qíng, rú guǒ wǒ kě yǐ jiān chí zuò dào zǎo shuì zǎo qǐ, wǒ yí dìng shì gè hěn yǒu yì lì de rén. Suǒ yǐ wǒ xī wàng kě yǐ yǎng chéng zǎo shuì zǎo qǐ de xí guàn.

해석: 어떤 사람은 일찍자고 일찍 일어나면 몸이 건강해진다고 하는데 어떻게 생각해요?

저는 그에 동의한다. 저도 일찍 자고 일찍 일어져는 습관을 기르고 싶어요. 일찍 자고 일찍 일어나야 머리가 좋아지고 다른 일을 효율적으로 할 수 있다고 생각해요. 그리고 일찍 자고 일찍 일어져는 것이 좋은 습관이에요. 왜냐하면 건강을 유지할 수 있어요. 매일 아침 일어나면 생명력 있는 햇빛을 볼 수 있어서 하루 종일 즐거운 기분을 유지할 수 있어요. 마지막으로 저는 일찍 자고 일찍 일어져는 것이 매우 어려운 일이라고 생각해요. 만일 제가 일찍 자고 일찍 일어져는 것을 견지할 수 있었으면 저는 아주 끈기 있는 사람이 될 것이에요. 그래서 저는 일찍 자고 일찍 일어져는 습관을 기르기를 바래요.

14. 你家里谁喜欢喝酒？

我们家我爸爸最喜欢喝酒，每次都喝的烂醉回家，妈妈很生气。但是有时候，在家里妈妈也喜欢喝酒，两个人一喝酒就会说很多话。而且妈妈还有每天晚上睡觉前喝一杯红酒的习惯，她说这样可以保持健康，虽然我并不相信。而且我也不能理解喝酒的快乐，我不知道喝醉了有什么快乐的。因为喝酒伤身体，现在爸爸已经开始戒酒了。爸爸很少喝酒了。

Wǒ men jiā wǒ bà ba zuì xǐ huān hē jiǔ, měi cì dōu hē de làn zuì huí jiā, mā ma hěn shēng qì. Dàn shì yǒu shí hòu, zài jiā lǐ mā ma yě xǐ huān hē jiǔ, liǎng gè rén yì hē jiǔ jiù huì shuō hěn duō huà. Ér qiě mā ma hái yǒu měi tiān wǎn shàng shuì jiào qián hē yì bēi hóng jiǔ de xí guàn, tā shuō zhè yàng kě yǐ bǎo chí jiàn kāng, suī rán wǒ bìng bù xiāng xìn. Ér qiě wǒ yě bù néng lǐ jiě hē jiǔ de kuài lè, wǒ bù zhī dào hē zuì le yǒu shé me kuài lè de. Yīn wèi hē jiǔ shāng shēn tǐ, xiàn zài bà ba yǐ jīng kāi shǐ jiè jiǔ le. Bà ba hěn shǎo hē jiǔ le.

해석: 집에서 누가 술을 제일 좋아해요?

우리 집에서 아버지가 술을 제일 좋아해요. 우리 아버지는 매번 만취해 집에 돌아오셔서 어머니는 매우 화가 나셨어요. 하지만 가끔은 집에서도 엄마가 술을 좋아해 술을 마시고 수다를 떨기도 해요. 그리고 엄마는 매일 밤 자기 전에 와인 한 잔 마시는 습관도 있는데 이렇게 하면 건강을 지킬 수 있대요. 반면 저는 술의 즐거움을 이해하지 못 해요. 술을 마셔 몸을 상하게 한 탓에 아버지는 이미 술을 끊으셨어요. 아버지는 이제 술을 거의 마시지 않으세요.

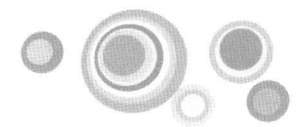

<HSKK 중급 모의고사 22> 모범 답안

	원문	병음	의미
1	明天下午两点我去你家接你。	Míng tiān xià wǔ liǎng diǎn wǒ qù nǐ jiā jiē nǐ.	내일 오후 2시에 내가 너를 데리러 갈게.
2	我感觉今天不是特别冷。	Wǒ gǎn jué jīn tiān bú shì tè bié lěng.	오늘이 별로 춥지 않다고 생각해요.
3	他把球扔给了我。	Tā bǎ qiú rēng gěi le wǒ.	그는 공을 저한테 던졌어요.
4	我没结束工作就睡着了。	Wǒ méi jié shù gōng zuò jiù shuì zhe le.	저는 일을 아직 안 끝났는데 잠이 들었어요.
5	他早上刷牙不用牙膏。	Tā zǎo shang shuā yá bù yòng yá gāo.	그는 아침에 이를 닦을 때 치약을 안 써요.
6	我不喜欢和别人吵架。	Wǒ bù xǐ huān hé bié rén chǎo jià.	저는 남과 싸우는 것을 싫어해요.
7	我跟你一起去运动吧。	Wǒ gēn nǐ yì qǐ qù yùn dòng ba.	같이 운동 가자.
8	他妻子昨天跟他吵架了。	Tā qī zi zuó tiān gēn tā chǎo jià le.	그는 어제 와이프와 싸웠어요.
9	桌上有个笔记本电脑。	Zhuō shàng yǒu gè bǐ jì běn diàn nǎo.	책상 위에 노트북이 있어요.
10	上个月我去日本旅行了。	Shàng gè yuè wǒ qù rì běn lǚ xíng le.	지난 달에 저는 일본에 여행 갔어요.

11. 今天早上去公园晨跑的时候，碰见了一群身穿白色丝绸大褂的老人们，他们看起来非常精神，他们热情的邀请我去学习太极拳，我觉得太极拳是个很神奇的运动，看起来好像运动量很小，也没有太多的动作，但是真的打起太极拳非常累。我打完太极拳之后就马上回家休息了，下次希望再遇到他们，我还想继续学。

Jīn tiān zǎo shang qù gōng yuán chén pǎo de shí hòu, pèng jiàn le yì qún shēn chuān bái sè sī chóu dà guà de lǎo rén men, tā men kàn qǐ lái fēi cháng jīng shén, tā men rè qíng de yāo qǐng wǒ qù xué xí tài jí quán, wǒ jué de tài jí quán shì gè hěn shén qí de yùn dòng, kàn qǐ lái hǎo xiàng yùn dòng liàng hěn xiǎo, yě méi yǒu tài duō de dòng zuò, dàn shì zhēn de dǎ qǐ tài jí quán fēi cháng lèi. Wǒ dǎ wán tài jí quán zhī hòu jiù mǎ shàng huí jiā xiū xi le, xià cì xī wàng zài yù dào tā men, wǒ hái xiǎng jì xù xué.

해석: 오늘 아침 공원으로 조깅을 갔을 때 하얀 실크 가운을 입은 어르신들을 만났다. 그들은 정신력이 매우 좋아 보인다. 그들은 저를 보고 태극권을 배우라고 초대했다. 저는 태극권이 너무 신기한 운동이라고 생각한다. 보기에는 운동량이 많지 않고 동작도 적어 보이지만 실제로 할 때 너무 힘들었다. 저는 태극권을 하고 바로 집에 가서 쉬었다. 다음번에도 다시 그들을 만나고 싶고 계속 배우고 싶다.

12. 老师今天带我们做了个游戏，老师说这个游戏是中国学生在学校都会做的游戏。我们围坐在一起，围成一个圈，然后开始按照顺序报数，只要是3的倍数都需要跳过。谁报错了就会被淘汰，因为我数学很好的缘故，留到了最后成为冠军，拿到了奖品，非常高兴可以参加这样有意思的游戏。

Lǎo shī jīn tiān dài wǒ men zuò le gè yóu xì, lǎo shī shuō zhè ge yóu xì shì zhōng guó xué shēng zài xué xiào dōu huì zuò de yóu xì. Wǒ men wéi zuò zài yì qǐ, wéi chéng yí gè quān, rán hòu kāi shǐ àn zhào shùn xù bào shù, zhǐ yào shì 3 de bèi shù dōu xū yào tiào guò. Shuí bào cuò le jiù huì bèi táo tài, yīn wèi wǒ shù xué hěn hǎo de yuán gù, liú dào le zuì hòu chéng wéi guàn jūn, ná dào le jiǎng pǐn, fēi cháng gāo xìng kě yǐ cān jiā zhè yàng yǒu yì si de yóu xì.

해석: 선생님은 오늘 우리를 데리고 게임을 하셨다. 이 게임은 중국 학생들이 학교에서 모두 할 줄 아는 게임이라고 말씀하셨다. 우리는 함께 둘러앉아 원을 이룬 후 순서대로 숫자를 매기기 시작하여 3의 배수면 모두 뛰어야 한다. 틀리면 탈락하는데 제가 수학을 잘해서 마지막에 남아 우승했다. 상도 받았다. 이런 재미 있는 놀이에 동참할 수 있어서 매우 기쁘다.

13. 你周末一般会做什么？

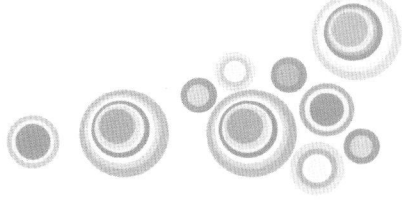

我周末一般会和朋友见面，或者去健身，如果没什么安排我会在家做好吃的食物，约朋友来家里看电影。上周周末我就和朋友在咖啡厅见面，因为平时工作很忙，没有时间坐下来和朋友聊天，所以我们都在咖啡厅见面，然后聊聊最近发生的事情和自己的生活，听一听朋友的事情，来增进感情。我很喜欢喝咖啡，我朋友也是。在咖啡厅见面后，我们通常会去逛街，也会去吃好吃的，我很喜欢吃炸鸡，朋友很喜欢吃意大利面，我们通常都会因为意见不合商量很久到底吃什么。不过虽然平时的工作很忙，但是还能挤出时间和朋友见面，我感到生活很幸福。

Wǒ zhōu mò yì bān huì hé péng you jiàn miàn, huò zhě qù jiàn shēn, rú guǒ méi shén me ān pái wǒ huì zài jiā zuò hǎo chī de shí wù, yuē péng you lái jiā lǐ kàn diàn yǐng. Shàng zhōu zhōu mò wǒ jiù hé péng you zài kā fēi tīng jiàn miàn, yīn wèi píng shí gōng zuò hěn máng, méi yǒu shí jiān zuò xià lái hé péng you liáo tiān, suǒ yǐ wǒ men dōu zài kā fēi tīng jiàn miàn, rán hòu liáo liao zuì jìn fā shēng de shì qíng hé zì jǐ de shēng huó, tīng yì tīng péng you de shì qíng, lái zēng jìn gǎn qíng. Wǒ hěn xǐ huān hē kā fēi, wǒ péng you yě shì. Zài kā fēi tīng jiàn miàn hòu, wǒ men tōng cháng huì qù guàng jiē, yě huì qù chī hǎo chī de, wǒ hěn xǐ huān chī zhá jī, péng you hěn xǐ huān chī yì dà lì miàn, wǒ men tōng cháng dōu huì yīn wèi yì jiàn bù hé shāng liáng hěn jiǔ dào dǐ chī shén me. Bù guò suī rán píng shí de gōng zuò hěn máng, dàn shì hái néng jǐ chū shí jiān hé péng you jiàn miàn, wǒ gǎn dào shēng huó hěn xìng fú.

해석: 주말에 보통 뭐해요?

저는 주말에 보통 친구들과 만나거나 헬스를 해요. 특별한 스케줄이 없으면 집에서 맛있는 음식을 만들어서 친구를 집에 초대해서 영화를 봐요. 지난 주말에 친구를 커피숍에서 만났는데 평일에는 일이 바빠서 친구들과 얘기할 시간이 없어 커피숍에서 만나요. 평소에는 일이 바쁘고 같이 앉아서 친구와 얘기할 시간도 없어요. 그래서 카페에서 만나서 요즘의 일과 자신의 생활을 얘기하고 친구의 일을 들으면서 감정 교류를 증진시키고 해요. 저도 친구도 커피 마시는 것을 좋아해요. 카페에서 만난 후 우리는 보통 쇼핑을 하고 맛있는 음식도 먹어요. 저는 치킨을 너무 좋아하고 친구들은 스파게티 먹는 것을 좋아해서 우리는 항상 의견이 맞지 않아서 오랫동안 무엇을 먹을지를 얘기해요. 평상시에는 일이 매우 바쁘지만 시간을 짜내서 친구들과 만날 수 있어서 저는 생활이 매우 행복해요.

14. 你和朋友在一起时，一般做什么？

我和朋友在一起时，会去吃好吃的食物，会喝酒或者喝咖啡，之后还会去唱歌，有时候如果周末时间很多我会和朋友去爱宝乐园玩儿，我很喜欢去游乐园玩儿，我最喜欢坐过山车，我很喜欢刺激的娱乐器械。有时候，我还会和朋友一起学习，和朋友一起学习的时候遇到难题还可以交流，这样可以提高学习效率。

Wǒ hé péng you zài yì qǐ shí, huì qù chī hǎo chī de shí wù, huì hē jiǔ huò zhě hē kā fēi, zhī hòu hái huì qù chàng gē, yǒu shí hòu rú guǒ zhōu mò shí jiān hěn duō wǒ huì hé péng you qù ài bǎo lè yuán wán r, wǒ hěn xǐ huān qù yóu lè yuán wán r, wǒ zuì xǐ huān zuò guò shān chē, wǒ hěn xǐ huān cì jī de yú lè qì xiè. Yǒu shí hòu, wǒ hái huì hé péng you yì qǐ xué xí, hé péng you yì qǐ xué xí de shí hòu yù dào nán tí hái kě yǐ jiāo liú, zhè yàng kě yǐ tí gāo xué xí xiào lǜ.

해석: 친구랑 같이 있으면 뭐 할 거예요?

저는 친구랑 같이 있을 때 맛있는 음식을 먹고 술 마시거나 커피 마시고 노래를 해요. 주말이면 친구들과 에버랜드에 놀러 갈 때도 있어요. 놀이공원 가는 걸 좋아해요. 롤러코스터 타는 것을 너무 좋아하고 짜릿한 놀이기구를 타는 것을 좋아해요. 때때로 저는 친구와 함께 공부할 때도 있는데 친구들과 함께 공부할 때 어려운 문제에 직면해도 교류가 가능하여 학습 효율을 높일 수 있어요.

<HSKK 중급 모의고사 23> 모범 답안

	원문	병음	의미
1	爸爸答应我生日带我去动物园。	Bà ba dā yìng wǒ shēng rì dài wǒ qù dòng wù yuán	아빠가 제 생일 때 동물원에 갈 것을 약속했다.
2	院子里有个狗。	Yuàn zi lǐ yǒu gè gǒu.	정원에 강아지 있어요.
3	他答应了我的请求。	Tā dā yìng le wǒ de qǐng qiú.	그는 저의 부탁을 들어 줬어요.
4	花园里的花开了。	Huā yuán lǐ de huā kāi le.	정원의 꽃이 다 피웠어요.
5	公园是我们的乐园。	Gōng yuán shì wǒ men de lè yuán.	공원은 우리의 놀이터이에요.
6	我见过熊猫。	Wǒ jiàn guò xióng māo.	판다를 본 적이 있어요.
7	熊猫爱吃竹子。	Xióng māo ài chī zhú zi.	판다가 대나무를 좋아해요.
8	我明天去机场接你。	Wǒ míng tiān qù jī chǎng jiē nǐ.	내일 공항으로 마중하러 갈게요.
9	火车站人非常多。	Huǒ chē zhàn rén fēi cháng duō.	기차역에서 사람이 많아요.
10	机场有免税店。	Jī chǎng yǒu miǎn shuì diàn.	공항에서 면세점이 있어요.

11. 今天是周末，作业都写完了，妈妈拉我去市场买菜，我最喜欢去市场买菜了，兴冲冲地就去了，因为去市场就可以买到很多好吃的，回家就可以吃到妈妈做的可口的饭菜了，我们买了炸鸡，买了猪蹄，还买了一些蔬菜，今天真是开心的一天。

Jīn tiān shì zhōu mò, zuò yè dōu xiě wán le, mā ma lā wǒ qù shì chǎng mǎi cài, wǒ zuì xǐ huān qù shì chǎng mǎi cài le, xìng chōng chōng de jiù qù le, yīn wèi qù shì chǎng jiù kě yǐ mǎi dào hěn duō hǎo chī de, huí jiā jiù kě yǐ chī dào mā ma zuò de kě kǒu de fàn cài le, wǒ men mǎi le zhá jī, mǎi le zhū tí, hái mǎi le yì xiē shū cài, jīn tiān zhēn shì kāi xīn de yì tiān.

해석: 오늘 주말이고 숙제가 다 끝나서 엄마가 저를 데리고 시장에 갔다. 저는 시장 가서 장보는 걸 제일 좋아해서 신나게 시장에 갔다. 시장에 가서 맛있는 걸 많이 살 수 있기 때문이다. 집에 가면 엄마가 만든 맛있는 음식도 먹을 수 있다. 우리는 치킨과 족발도 샀고 야채도 좀 샀다. 오늘은 정말 기쁜 날이었다.

12. 语学院今天的任务是朗诵自己用中文写的诗，我写了一首关于秋天的诗，我觉得我写的不好，因为我们班有个同学也写了一首关于秋的诗，我觉得她写的特别好，她朗诵的时候还给自己准备了红色的朗诵册，还穿了粉色的裙子，显得非常正式，我希望自己以后可以更加努力做得更好。

Yǔ xué yuàn jīn tiān de rèn wù shì lǎng sòng zì jǐ yòng zhōng wén xiě de shī, wǒ xiě le yì shǒu guān yú qiū tiān de shī, wǒ jué de wǒ xiě de bù hǎo, yīn wèi wǒ men bān yǒu gè tóng xué yě xiě le yì shǒu guān yú qiū de shī, wǒ jué de tā xiě de tè bié hǎo, tā lǎng sòng de shí hòu hái gěi zì jǐ zhǔn bèi le hóng sè de lǎng sòng cè, hái chuān le fěn sè de qún zi, xiǎn dé fēi cháng zhèng shì, wǒ xī wàng zì jǐ yǐ hòu kě yǐ gèng jiā nǔ lì zuò de gèng hǎo.

해석: 어학원에서 오늘 미션은 자기가 중국어로 쓴 시를 낭송하는 것이다. 저는 가을에 대한 시를 썼는데 제가 잘 못 썼다고 생각한다. 왜냐하면 우리반에 어떤 친구가 가을에 관한 시를 썼는데 진짜 잘 썼다. 낭송할 때 그녀는 자신의 빨간색 낭송책을 준비했다. 그리고 핑크색 치마를 입기도 했다. 매우 격식이 갖춰진 것으로 보인다. 저도 나중에 노력해서 더 잘 했으면 좋겠다.

13. 你上个假期去做了什么？

我上个假期没有出去旅游，在家中努力准备毕业考试。有时候也会去图书馆准备毕业考试。因为在图书馆中学习的效率会很高，为了能考上好的大学，我十分努力学习。假期中总学习也不行，所以我还去运动了，每天和朋友一起打篮球，这样可以缓解学习的疲劳。希望毕业考试能取得好成绩。

Wǒ shàng gè jià qī méi yǒu chū qù lǚ yóu, zài jiā zhōng nǔ lì zhǔn bèi bì yè kǎo shì. Yǒu shí hòu yě huì qù tú shū guǎn zhǔn bèi bì yè kǎo shì. Yīn wèi zài tú shū guǎn zhōng xué xí de xiào lǜ huì hěn gāo, wèi le néng kǎo shàng hǎo de dà xué, wǒ shí fēn nǔ lì xué xí. Jià qī zhōng zǒng xué xí yě bù xíng, suǒ yǐ wǒ hái qù yùn dòng le, měi tiān hé péng you yì qǐ dǎ lán qiú, zhè yàng kě yǐ huǎn jiě xué xí de pí láo. Xī wàng bì yè kǎo shì néng qǔ dé hǎo chéng jì.

해석: 지난 학기 뭐 했어요?

저는 지난 방학 동안 여행을 나가지 않고 집에서 졸업 시험 준비를 열심히 했어요. 때때로 도서관에 가서 졸업 시험을 준비하기도 해요. 도서관에서 공부하는 것이 효율적이기 때문에 좋은 대학에 들어가기 위해 저는 열심히 공부해요. 방학 동안 공부만 하면 안 되니까 운동도 하는데 매일 친구들과 농구를 하면 공부의 피로를 풀 수 있어요. 졸업 시험에서 좋은 성적을 거둘 수 있었으면 해요.

14. 你满意自己现在的生活吗？为什么？

我非常满意自己现在的生活，首先，做着自己想做的事情，或者自己想过的日子，吃着自己想吃的食物，我觉得每天都很开心。虽然生活也有压力也有烦恼，社会竞争也十分激烈，但是我还是很喜欢自己的生活，工作两年让我有了自己稳定的节奏，我很喜欢在这样的节奏中生活。

其次，家人身体都健康，这样让我感到很开心。最后，我心中还有梦想，我并不是没有目的地生活，我还有自己想要去完成的事情，所以我的生活充满希望。

Wǒ fēi cháng mǎn yì zì jǐ xiàn zài de shēng huó, shǒu xiān, zuò zhe zì jǐ xiǎng zuò de shì qíng, huò zhě zì jǐ xiǎng guò de rì zi, chī zhe zì jǐ xiǎng chī de shí wù, wǒ jué de měi tiān dū hěn kāi xīn. Suī rán shēng huó yě yǒu yā lì yě yǒu fán nǎo, shè huì jìng zhēng yě shí fēn jī liè, dàn shì wǒ hái shì hěn xǐ huān zì jǐ de shēng huó, gōng zuò liǎng nián ràng wǒ yǒu le zì jǐ wěn dìng de jié zòu, wǒ hěn xǐ huān zài zhè yàng de jié zòu zhōng shēng huó. Qí cì, jiā rén shēn tǐ dōu jiàn kāng, zhè yàng ràng wǒ gǎn dào hěn kāi xīn. Zuì hòu, wǒ xīn zhōng hái yǒu mèng xiǎng, wǒ bìng bú shì méi yǒu mù dì de shēng huó, wǒ hái yǒu zì jǐ xiǎng yào qù wán chéng de shì qíng, suǒ yǐ wǒ de shēng huó chōng mǎn xī wàng.

해석: 당신이 지금 자신의 생활에 대해 만족스러워요?

저는 지금 제 삶이 매우 만족스러워요. 우선 제가 하고 싶은 일을 하고, 살고 싶은 삶을 살고, 먹고 싶은 음식을 먹을 수 있어서 매일 행복해요. 삶에 스트레스도 있고 고민도 많고 사회의 경쟁도 치열하지만 저는 제 삶을 좋아해요. 2년 동안 일하면서 안정된 리듬을 가지는 것을 좋아해요.

둘째, 가족들이 건강해서 기분이 좋아요. 마지막으로, 제 마음 속에 꿈이 있어요. 저는 목적없이 생활하는 것이 아니라 제가 하고 싶고 완성하고 싶은 삶이 있어서 제 삶은 희망으로 가득차고 있어요.

<HSKK 중급 모의고사 24> 모범 답안

	원문	병음	의미
1	我觉得这次中文口语考试非常难。	Wǒ jué de zhè cì zhōng wén kǒu yǔ kǎo shì fēi cháng nán.	이번 중국어 말하기 시험이 어렵다고 생각해요.
2	下个月就是中秋节了。	Xià gè yuè jiù shì zhōng qiū jié le.	다음달은 추석이에요.
3	我不想离开我的家。	Wǒ bù xiǎng lí kāi wǒ de jiā.	우리 집을 떠나고 싶지 않아요.
4	我很想吃巧克力味的冰淇淋。	Wǒ hěn xiǎng chī qiǎo kè lì wèi de bīng qí lín.	저는 초콜릿맛 아이스크림을 먹고 싶어요.
5	他是我最爱的人。	Tā shì wǒ zuì ài de rén.	그는 제가 제일 사랑하는 사람이에요.
6	我真不明白你为什么要这样做。	Wǒ zhēn bù míng bái nǐ Wèi shén me yào zhè yàng zuò.	당신이 왜 이렇게 하는지 진짜 이해 못해요.
7	只有在大城市才有地铁。	Zhǐ yǒu zài dà chéng shì cái yǒu dì tiě.	대도시에만 지하철이 있어요.
8	这条铁路非常长。	Zhè tiáo tiě lù fēi cháng cháng.	이 철도가 아주 길어요.
9	他从小就喜欢骑马。	Tā cóng xiǎo jiù xǐ huān qí mǎ.	그는 어릴 때부터 말타기를 좋아해요.
10	对不起，是我想多了。	Duì bu qǐ, shì wǒ xiǎng duō le.	죄송합니다, 제가 잘 못 생각했어요.

11. 今年是在中国工作的第五个年头了，中国经济发展速度真的非常快。尤其是近年来的共享经济，于是我除了做本公司的外贸工作，也会去中国的公司参与共享经济的工作，我的任务是清点共享单车然后查出问题修理。我觉得这个工作很有意思，我喜欢我的这个工作，我非常喜欢可以参与到这个发展飞速的社会中来。

Jīn nián shì zài zhōng guó gōng zuò de dì wǔ gè nián tóu le, zhōng guó jīng jì fā zhǎn sù dù zhēn de fēi cháng kuài. Yóu qí shì jìn nián lái de gòng xiǎng jīng jì, yú shì wǒ chú le zuò běn gōng sī de wài mào gōng zuò, yě huì qù zhōng guó de gōng sī cān yù gòng xiǎng jīng jì de gōng zuò, wǒ de rèn wù shì qīng diǎn gòng xiǎng dān chē rán hòu chá chū wèn tí xiū lǐ. Wǒ jué de zhè ge gōng zuò hěn yǒu yì si, wǒ xǐ huān wǒ de zhè ge gōng zuò, wǒ fēi cháng xǐ huān kě yǐ cān yù dào zhè ge fā zhǎn fēi sù de shè huì zhōng lái

해석: 올해는 제가 중국에서 근무한지 5년째이다. 중국의 경제 발전 속도가 정말 빠르다. 특히 최근에 중요한 것이 공유 경제이다. 제가 우리 회사의 대외무역 담당일 뿐만 아니라 중국의 회사에 가서 공유 경제에 관련 일을 참여하기도 한다. 저의 업무는 공유 자전거를 집계하고 나서 문제점을 찾아내는 것이다. 저는 이 일이 아주 재미있다고 느꼈다. 저는 저의 일을 좋아하고 이 급속한 발전이 이뤄지는 사회에 참여할 수 있는 것을 매우 좋아한다.

12. 我养了两只狗，它们都是黑色的，它们是德国牧羊犬。平时我的狗会交给它们的老师进行训练，周末的时候我要是有空就陪它们去草坪上扔飞镖做游戏。这周末的天气很好，我带着它俩去草坪上扔飞镖了，它们非常开心，见到我之后就疯狂的摇尾巴，我很喜欢狗，我希望它们可以一直和我在一起，一直快乐下去。

Wǒ yǎng le liǎng zhī gǒu, tā men dōu shì hēi sè de, tā men shì dé guó mù yáng quǎn. Píng shí wǒ de gǒu huì jiāo gěi tā men de lǎo shī jìn xíng xùn liàn, zhōu mò de shí hòu wǒ yào shi yǒu kòng jiù péi tā men qù cǎo píng shàng rēng fēi biāo zuò yóu xì. Zhè zhōu mò de tiān qì hěn hǎo, wǒ dài zhe tā liǎ qù cǎo píng shàng rēng fēi biāo le, tā men fēi cháng kāi xīn, jiàn dào wǒ zhī hòu jiù fēng kuáng de yáo wěi bā, wǒ hěn xǐ huān gǒu, wǒ xī wàng tā men kě yǐ yì zhí hé wǒ zài yì qǐ, yì zhí kuài lè xià qù.

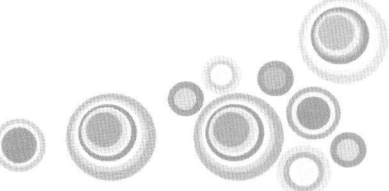

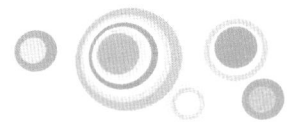

해석: 저는 개 두 마리를 키운다. 그들은 모두 검은색이고 독일에서 기르는 양치기 강아지이다. 평소에는 개들을 훈련을 시키기 위해 선생님들에게 맡기고 주말에는 시간을 내서 잔디밭에 가서 표창을 던져서 놀이를 한다. 이번 주말 날씨가 아주 좋아서 둘을 데리고 잔디밭에 가서 표창을 던졌는데 그들은 매우 기뻐하고 저를 보고 미친 듯이 꼬리를 흔들었다. 저는 개들이 아주 좋아서 그들과 항상 함께 있을 수 있었으면 좋겠다.

13. 如果给你一次出国旅游的机会，你会去哪里？为什么？

　　如果给我一次旅游的机会，我想去中国旅游，去年夏天和爸妈一起去中国旅游了一周。我觉得中国是个很有趣的国家，中国人非常热情，中国有很多好吃的，而且中国非常大，我们去年只去了北京，但是我听说上海也不错，我还想去上海看看。中国和我们国家非常近，交通很方便，不需要花太多时间，机票也非常便宜。物价也很低，生活在中国一定很幸福，我希望我可以学好中文，将来去中国生活。

　　Rú guǒ gěi wǒ yí cì lǚ yóu de jī huì, wǒ xiǎng qù zhōng guó lǚ yóu, qù nián xià tiān hé bà mā yì qǐ qù zhōng guó lǚ yóu le yì zhōu. Wǒ jué de zhōng guó shì gè hěn yǒu qù de guó jiā, zhōng guó rén fēi cháng rè qíng, zhōng guó yǒu hěn duō hǎo chī de, ér qiě zhōng guó fēi cháng dà, wǒ men qù nián zhǐ qù le běi jīng, dàn shì wǒ tīng shuō shàng hǎi yě bú cuò, wǒ hái xiǎng qù shàng hǎi kàn kan. Zhōng guó hé wǒ men guó jiā fēi cháng jìn, jiāo tōng hěn fāng biàn, bù xū yào huā tài duō shí jiān, jī piào yě fēi cháng pián yi. Wù jià yě hěn dī, shēng huó zài zhōng guó yí dìng hěn xìng fú, wǒ xī wàng wǒ kě yǐ xué hǎo zhōng wén, jiāng lái qù zhōng guó shēng huó.

해석: 해외로 나가는 기회를 준다면 어디로 갈 거예요? 왜요?

　　만약 저에게 여행 기회를 준다면 저는 중국에 여행을 가고 싶어요. 작년 여름에 부모님과 함께 일주일 동안 중국을 여행했어요. 저는 중국이 매우 재미 있는 나라라고 생각하고 중국인은 매우 친절하고 게다가 중국은 매우 커요. 중국과 우리나라는 매우 가깝고 교통이 편리하여 시간이 많이 걸리지 않고 항공권도 매우 싸요. 물가도 매우 낮으니 중국에서 생활하는 것이 분명히 행복할 거예요. 저는 중국어를 잘 배워서 앞으로 중국에 가서 생활하기를 바래요.

14. 中国人给你的印象是什么？

　　中国人给我的印象是幸福感非常高，大家都很乐观，在学院学习了汉语之后，我交了很多中国朋友。他们都非常乐于跟我交朋友，而且中国人之间没有我们严格的年龄上的区分，什么年龄的人都可以成为亲近的朋友，我认为非常好，这样就少了很多压力。在韩国如果对前辈没有说敬语，可能会招来麻烦，但是中国人根本不在乎这些。而且，中国人非常勤劳，不停的在努力生活，我希望我自己也能这样。

　　Zhōng guó rén gěi wǒ de yìn xiàng shì xìng fú gǎn fēi cháng gāo, dà jiā dōu hěn lè guān, zài xué yuàn xué xí le hàn yǔ zhī hòu, wǒ jiāo le hěn duō zhōng guó péng you. Tā men dōu fēi cháng lè yú gēn wǒ jiāo péng you, ér qiě zhōng guó rén zhī jiān méi yǒu wǒ men yán gé de nián líng shàng de qū fēn, shén me nián líng de rén dōu kě yǐ chéng wéi qīn jìn de péng you, wǒ rèn wéi fēi cháng hǎo, zhè yàng jiù shǎo le hěn duō yā lì. Zài hán guó rú guǒ duì qián bèi méi yǒu shuō jìng yǔ, kě néng huì zhāo lái má fan, dàn shì zhōng guó rén gēn běn bù zài hu zhè xiē. Ér qiě, zhōng guó rén fēi cháng qín láo, bù tíng de zài nǔ lì shēng huó, wǒ xī wàng wǒ zì jǐ yě néng zhè yàng.

해석: 중국인이 당신한테 준 이미지가 뭐예요?

　　중국인들이 저에게 준 인상은 행복감이 매우 높고, 모두가 낙천적이라는 것이에요. 학원에서 중국어를 배운 후 저는 많은 중국 친구를 사귀었어요. 그들은 모두 친구를 사귀는 것을 좋아하고 중국인 사이에는 엄격한 나이 서열이 없어 어떤 나이든 친한 친구가 될 수 있다는 점이 좋다고 생각해요. 이러면 스트레스가 많이 줄어들 수 있어요. 한국에서는 선배에게 존댓말을 하지 않으면 골치 아픈 일이 생길 수 있는데 중국인들은 그런 것에 신경 쓰지 않아요. 또 중국인들은 매우 부지런해서 열심히 생활하는데 저 자신도 그렇게 되었으면 좋겠어요.

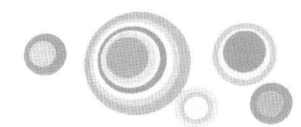

<HSKK 중급 모의고사 25> 모범 답안

	원문	병음	의미
1	这是我最喜欢穿的一件衣服。	Zhè shì wǒ zuì xǐ huān chuān de yí jiàn yī fu.	이 것은 제가 제일 좋아하는 옷이에요.
2	我面前只有一条路。	Wǒ miàn qián zhǐ yǒu yì tiáo lù.	제 앞에는 오직 길 하나만 있어요.
3	我们家我负责打扫房间。	Wǒ men jiā wǒ fù zé dǎ sǎo fáng jiān.	우리 집에서는 제가 방 청소를 담당해요.
4	请问需要帮您做点儿什么?	Qǐng wèn xū yào bāng nín zuò diǎn r shén me?	뭘 도와 드릴 까요?
5	他是我见过的最善良的人。	Tā shì wǒ jiàn guò de zuì shàn liáng de rén.	그는 제가 봤던 사람 중에 제일 착해요.
6	这个周末我要加班。	Zhè ge zhōu mò wǒ yào jiā bān.	저는 이번 주말에 야근해요.
7	我忘记了他叫什么名字。	Wǒ wàng jì le tā jiào shén me míng zì.	그 분의 이름을 잊어 버렸어요.
8	我爸爸大概一个月出一次差。	Wǒ bà ba dà gài yí gè yuè chū yí cì chà.	아빠는 대략 한달에 한번 출장해요.
9	我出生的时候天气很冷。	Wǒ chū shēng de shí hòu tiān qì hěn lěng.	제가 태어났을 때 날씨가 너무 추웠어요.
10	我从来没有迟到过。	Wǒ cóng lái méi yǒu chí dào guò.	저는 지각한 적이 없어요.

11. 今天去郊游了，同学小周说要给我介绍一下她家的小区，然后我就很好奇地跟去了，于是我就拍了照留念，可能阳光太大了，小周皱着眉头也睁不开眼睛，样子很可爱。小周是个热情的同学，全班同学都喜欢她，她总是会给大家带很多好吃的，但是大家都吃胖了她还是很瘦很美。

Jīn tiān qù jiāo yóu le, tóng xué xiǎo zhōu shuō yào gěi wǒ jiè shào yí xià tā jiā de xiǎo qū, rán hòu wǒ jiù hěn hào qí de gēn qù le, yú shì wǒ jiù pāi le zhào liú niàn, kě néng yáng guāng tài dà le, xiǎo zhōu zhòu zhe méi tóu yě zhēng bù kāi yǎn jing, yàng zi hěn kě ài. Xiǎo zhōu shì gè rè qíng de tóng xué, quán bān tóng xué dōu xǐ huān tā, tā zǒng shì huì gěi dà jiā dài hěn duō hǎo chī de, dàn shì dà jiā dōu chī pàng le tā hái shì hěn shòu hěn měi.

해석: 오늘 소풍을 갔더니 학우 샤오주가 자기 집 동네를 소개해 주겠다고 했다. 저는 궁금해서 따라가서 기념 사진을 찍었는데 햇빛이 너무 셌는지 샤오수가 눈가를 씽그린 채 눈을 뜰 수가 없어 귀여웠다. 샤우주는 열성석인 친구이고 친구들은 모두 그녀를 좋아한다. 그녀는 늘 사람들에게 맛있는 음식을 많이 줘서 모두가 살찌는데 그녀는 여전히 매우 날씬하고 예쁘다.

12. 王老师是个有意思的老师，她说她平时的生活非常丰富，她周末的时候会去公园的长椅上看书，她说天气好的时候边看书边晒太阳是件享受的事情，其余时间她都会努力的给我们讲汉语，她说汉语非常流利，她还喜欢穿裙子，她的皮肤很白，笑起来很好看，我很喜欢我的王老师。

Wáng lǎo shī shì gè yǒu yì si de lǎo shī, tā shuō tā píng shí de shēng huó fēi cháng fēng fù, tā zhōu mò de shí hòu huì qù gōng yuán de cháng yǐ shàng kàn shū, tā shuō tiān qì hǎo de shí hòu biān kàn shū biān shài tài yáng shì jiàn xiǎng shòu de shì qíng, qí yú shí jiān tā dōu huì nǔ lì de gěi wǒ men jiǎng hàn yǔ, tā shuō hàn yǔ fēi cháng liú lì, tā hái xǐ huān chuān qún zi, tā de pí fū hěn bái, xiào qǐ lái hěn hǎo kàn, wǒ hěn xǐ huān wǒ de wáng lǎo shī.

해석: 왕선생님은 재미 있는 선생님이다. 그녀는 평시에 생활이 매우 여유롭다고 한다. 주말이면 공원 벤치에서 책을 읽는 재미가 있다고 말하는데 왕 선생님은 날씨가 좋을 때 햇볕을 쬐면서 책을 읽는 것이 매우 즐거운 일이라고 한다. 남는 시간에는 그녀가 우리에게 열심히 중국어를 가르친다. 그녀의 중국어는 매우 유창하다. 그녀는 치마 입는 것을 좋아한다. 그녀의 피부가 하얗고 웃을 때 이쁘다. 저는 왕 선생님을 매우 좋아한다.

13. 你喜欢吃中国的食物吗？什么食物？为什么？

我喜欢吃中国的食物，我最喜欢吃的是糖醋排骨，去年暑假和家人一起去中国旅游，在中国吃了糖醋排骨，我从来没吃过那么甜的排骨，从此就爱上了中国的美食。于是今年来到学院来学习中文，为了以后去中国旅游更加方便，如果我可以用中文交到中国朋友的话就更好了，我很期待下次再去中国吃糖醋排骨。

Wǒ xǐ huān chī zhōng guó de shí wù, wǒ zuì xǐ huān chī de shì táng cù pái gǔ, qù nián shǔ jià hé jiā rén yì qǐ qù zhōng guó lǚ yóu, zài zhōng guó chī le táng cù pái gǔ, wǒ cóng lái méi chī guò nà me tián de pái gǔ, cóng cǐ jiù ài shàng le zhōng guó de měi shí. Yú shì jīn nián lái dào xué yuàn lái xué xí zhōng wén, wèi le yǐ hòu qù zhōng guó lǚ yóu gèng jiā fāng biàn, rú guǒ wǒ kě yǐ yòng zhōng wén jiāo dào zhōng guó péng you de huà jiù gèng hǎo le, wǒ hěn qī dài xià cì zài qù zhōng guó chī táng cù pái gǔ.

해석: 중국 음식을 좋아해요? 어떤 음식이요? 왜요?

제가 가장 즐겨 먹는 중국 음식은 탕수갈비예요. 지난 여름방학에 가족과 함께 중국 여행을 가서 중국에서 탕수갈비를 먹었는데 단 한 번도 그렇게 달콤한 갈비를 먹어 본 적이 없어 중국 음식을 사랑하게 되었어요. 그래서 올해 학원에 와서 중국어 공부를 하고 있다. 중국 여행이 더 편해지도록 중국어로 중국 친구를 사귀었으면 좋겠다. 다음에 다시 중국에 가서 탕수갈비를 먹을 수 있길 기대해요.

14. 你最深刻的童年记忆是什么？

我最深刻的童年记忆是和爸爸妈妈一起去旅行的日子，每年暑假爸爸妈妈都会带我去旅行，每次都去中国，所以我每年都期盼着暑假快点儿来，去中国可以吃到很多美食，我最喜欢糖醋排骨，在中国还可以吃到很多便宜的水果。爸爸妈妈也很开心，我在中国生活的日子也很开心。

Wǒ zuì shēn kè de tóng nián jì yì shì hé bà ba mā ma yì qǐ qù lǚ xíng de rì zi, měi nián shǔ jià bà ba mā ma dōu huì dài wǒ qù lǚ xíng, měi cì dōu qù zhōng guó, suǒ yǐ wǒ měi nián dōu qī pàn zhe shǔ jià kuài diǎn r lái, qù zhōng guó kě yǐ chī dào hěn duō měi shí, wǒ zuì xǐ huān táng cù pái gǔ, zài zhōng guó hái kě yǐ chī dào hěn duō pián yi de shuǐ guǒ. Bà ba mā ma yě hěn kāi xīn, wǒ zài zhōng guó shēng huó de rì zi yě hěn kāi xīn.

해석: 가장 기억에 남는 어린 시절 기억이 뭐예요?

저의 가장 기억에 남는 어린 시절은 엄마 아빠와 함께 여행을 간 것이에요. 매년 여름 방학마다 엄마 아빠가 저를 데리고 중국에 여행을 가는데 매년 여름 방학마다 중국에 가서 맛있는 음식을 많이 먹을 수 있고, 중국에서는 탕수갈비가 제일 좋아요. 중국에는 싼 과일도 엄청 많아요. 아빠, 엄마도 즐겁고 저도 중국에서 사는 날이 참 즐거웠어요.

<HSKK 중급 모의고사 26> 모범 답안

	원문	병음	의미
1	朋友之间信任最重要。	Péng you zhī jiān xìn rèn zuì zhòng yào.	친구 간에 믿음이 제일 중요하다고 생각해요.
2	我最喜欢早晨的太阳。	Wǒ zuì xǐ huān zǎo chén de tài yáng.	제가 아침의 태양을 제일 좋아해요.
3	这两天天气很好。	Zhè liǎng tiān tiān qì hěn hǎo.	요즘은 날씨가 너무 좋아요.
4	我是一个很爱笑的人。	Wǒ shì yí gè hěn ài xiào de rén.	제가 잘 웃는 사람이에요.
5	我们有三年没见了。	Wǒ men yǒu sān nián méi jiàn le.	우리 만나지 못 한지 3년이 됐어요.
6	今年回家过年吧。	Jīn nián huí jiā guò nián ba.	올해 고향에 가서 설날을 보내자.
7	我可以提前五分钟下班吗？	Wǒ kě yǐ tí qián wǔ fēn zhōng xià bān ma?	제가 5분 일찍 퇴근해도 돼요?
8	爸爸不喜欢我和他做朋友。	Bà ba bù xǐ huān wǒ hé tā zuò péng you.	아빠는 재가 쟤랑 친구하는 것이 싫어요.
9	家里的饭由妈妈一个人做。	Jiā lǐ de fàn yóu mā ma yí gè rén zuò.	집에서 엄마는 혼자 밥을 해요.
10	他连电脑都不会用。	Tā lián diàn nǎo dōu bú huì yòng.	그는 컴퓨터조차 쓸 줄 몰라요.

11. 我是一名医生，高中的时候我就想成为一名医生，我认为医生是非常伟大的职业，他们承载着人类的希望和发展，于是我就报考了医学院，录取通知书下来的时候我开心的哭了出来，顺利毕业成为一名医生也让我感到十分骄傲，我很享受现在的生活，我也热爱我的职业，我会努力为人民服务的。

Wǒ shì yì míng yī shēng, gāo zhōng de shí hòu wǒ jiù xiǎng chéng wéi yì míng yī shēng, wǒ rèn wéi yī shēng shì fēi cháng wěi dà de zhí yè, tā men chéng zài zhe rén lèi de xī wàng hé fā zhǎn, yú shì wǒ jiù bào kǎo le yī xué yuàn, lù qǔ tōng zhī shū xià lái de shí hòu wǒ kāi xīn de kū le chū lái, shùn lì bì yè chéng wéi yì míng yī shēng yě ràng wǒ gǎn dào shí fēn jiāo ào, wǒ hěn xiǎng shòu xiàn zài de shēng huó, wǒ yě rè ài wǒ de zhí yè, wǒ huì nǔ lì wèi rén mín fú wù de.

해석: 저는 의사다. 고등학교 때부터 의사가 되고 싶었다. 의사는 매우 위대한 직업이라고 생각한다. 그들에게 인간의 희망과 발전을 맡기고 있다고 생각한다. 그래서 저는 의대에 지원했다. 합격 통지서를 받았을 때 저는 기뻐서 울었다. 순조롭게 졸업하고 의사가 된 것을 자랑스럽게 생각한다. 저는 현재의 생활을 즐기고 저의 직업을 사랑하며 국민을 위해 열심히 일할 것이다.

12. 我是一名质检工，保证每个汽车在出厂前的安全性，是我的工作，我会检查每一个零件，我会确保它们都能发挥自己的作用。保障人们的安全。我认为我的工作非常渺小，但是也有不可或缺的作用与意义，我坚守的底线，就是人们的生命线，我会认真努力的工作，人们的生命线由我来坚守。

Wǒ shì yì míng zhì jiǎn gōng, bǎo zhèng měi gè qì chē zài chū chǎng qián de ān quán xìng, shì wǒ de gōng zuò, wǒ huì jiǎn chá měi yí gè líng jiàn, wǒ huì què bǎo tā men dōu néng fā huī zì jǐ de zuò yòng. Bǎo zhàng rén men de ān quán. Wǒ rèn wéi wǒ de gōng zuò fēi cháng miǎo xiǎo, dàn shì yě yǒu bù kě huò quē de zuò yòng yǔ yì yì, wǒ jiān shǒu de dǐ xiàn, jiù shì rén men de shēng mìng xiàn, wǒ huì rèn zhēn nǔ lì de gōng zuò, rén men de shēng mìng xiàn yóu wǒ lái jiān shǒu.

해석: 저는 품질 검사원이다. 모든 자동차가 공장 출하 전에 안전성을 보증하는 것이 저의 직업이다. 저는 모든 부품을 꼼꼼히 검사한다. 저는 그것들이 자신의 역할을 할 수 있도록 만든다. 사람들의 안전을 보장하기도 한다. 저는 저의 일이 매우 미미해 보이겠지만, 없어서는 안 되는 역할과 의미가 있다고 생각한다. 저는 제 기본 원칙을 지킬 것이다. 이것이 사람들의 생명 라인이다. 저는

열심히 일해서 사람의 생명 라인을 잘 지킬 것이다.

13. 你最喜欢吃的韩国食物是什么？为什么？

我最喜欢吃的韩国食物是大酱汤，虽然刚开始吃会觉得味道有点儿奇怪，但是不知怎么了，上小学之后我就爱上了大酱汤。每周都要妈妈给我做大酱汤吃。再后来，我就很喜欢吃炸酱面，虽然卡路里很高，不是健康食品，但是很香很甜，我非常喜欢吃炸酱面，吃炸酱面有幸福的感觉。我也很喜欢吃炸鸡，因为吃炸鸡可以和朋友一起吃，每次我们社团活动的时候社长都会叫炸鸡给我们一起吃，和朋友一起吃非常开心，所以我喜欢吃炸鸡。

Wǒ zuì xǐ huān chī de hán guó shí wù shì dà jiàng tāng, suī rán gāng kāi shǐ chī huì jué de wèi dào yǒu diǎn r qí guài, dàn shì bù zhī zěn me le, shàng xiǎo xué zhī hòu wǒ jiù ài shàng le dà jiàng tāng. Měi zhōu dōu yào mā ma gěi wǒ zuò dà jiàng tāng chī. Zài hòu lái, wǒ jiù hěn xǐ huān chī zhá jiàng miàn, suī rán kǎ lù lǐ hěn gāo, bú shì jiàn kāng shí pǐn, dàn shì hěn xiāng hěn tián, wǒ fēi cháng xǐ huān chī zhá jiàng miàn, chī zhá jiàng miàn yǒu xìng fú de gǎn jué. Wǒ yě hěn xǐ huān chī zhá jī, yīn wèi chī zhá jī kě yǐ hé péng you yì qǐ chī, měi cì wǒ men shè tuán huó dòng de shí hòu shè zhǎng dōu huì jiào zhá jī gěi wǒ men yì qǐ chī, hé péng you yì qǐ chī fēi cháng kāi xīn, suǒ yǐ wǒ xǐ huān chī zhá jī.

해석: 제일 좋아하는 한국 음식이 뭐예요? 왜요?

제가 가장 좋아하는 한국 음식은 된장찌개이에요. 처음엔 저한테 맛이 좀 이상했어요. 하지만 초등학교에 입학하고 나서 어느날부터 된장찌개를 좋아하게 됐어요. 매주 엄마에게 된장찌개를 끓여달라고 했어요. 그 후엔 저는 자장면을 아주 좋아했어요. 칼로리가 높고 건강식은 아니지만 향기롭고 달콤해요. 자장면을 너무 좋아하고 먹을 때 행복한 느낌이 들어요. 저는 치킨도 많이 좋아해요. 왜냐하면 치킨은 친구랑 같이 먹을 수 있기 때문이에요. 동아리 활동이 있을 때마다 회장이 치킨을 시켜 줬어요. 친구랑 같이 먹어서 매우 기뻐요. 그래서 저는 치킨을 좋아해요.

14. 你最喜欢的运动选手是谁？为什么？

我最喜欢的运动选手是菲尔普斯。我从小非常喜欢游泳，奥运会的游泳项目我都会看电视直播，当看到美国选手菲尔普斯夺得八金的时候我激动的哭了出来，真的太厉害了我非常崇拜他，我希望可以变成他那样的人。

Wǒ zuì xǐ huān de yùn dòng xuǎn shǒu shì fēi ěr pǔ sī. Wǒ cóng xiǎo fēi cháng xǐ huān yóu yǒng, ào yùn huì de yóu yǒng xiàng mù wǒ dōu huì kàn diàn shì zhí bò, dāng kàn dào měi guó xuǎn shǒu fēi ěr pǔ sī duó dé bā jīn de shí hòu wǒ jī dòng de kū le chū lái, zhēn de tài lì hài le wǒ fēi cháng chóng bài tā, wǒ xī wàng kě yǐ biàn chéng tā nà yàng de rén.

해석: 제일 좋아하는 운동 선수는 누구예요? 왜요?

제가 가장 좋아하는 운동 선수는 펠프스예요. 수영을 어렸을 때부터 좋아해서 올림픽 수영 중계를 보곤 했어요. 미국의 펠프스가 금메달을 따는 것을 보고 감격에 겨워 울었는데 정말 많이 존경해서 그 사람처럼 되고 싶어요.

梦想中国语 模拟考试

<HSKK 중급 모의고사 27> 모범 답안

	원문	병음	의미
1	我好像感冒了。	Wǒ hǎo xiàng gǎn mào le.	저는 감기 걸린 것 같아요.
2	她这几天没来上课。	Tā zhè jǐ tiān méi lái shàng kè.	그녀는 요즘에 등교하지 않았어요.
3	别担心，会变好的。	Bié dān xīn, huì biàn hǎo de.	걱정하지 말아요, 좋아질 거예요.
4	我这几天一直没看见他。	Wǒ zhè jǐ tiān yì zhí méi kàn jiàn tā.	요즘엔 그 사람을 못 봤네요.
5	我偶尔去那家饭馆吃饭。	Wǒ ǒu ěr qù nà jiā fàn guǎn chī fàn.	저는 가끔 그 식당 가서 밥을 먹어요.
6	我很注意保护自己的皮肤。	Wǒ hěn zhù yì bǎo hù zì jǐ de pí fū	제가 피부 보호에 신경을 많이 써요..
7	去后门一起吃烤肉吧。	Qù hòu mén yì qǐ chī kǎo ròu ba.	후문 쪽에 가서 불고기를 먹자.
8	今天一起喝杯酒吧。	Jīn tiān yì qǐ hē bēi jiǔ bā.	오늘 같이 술 한잔 하자.
9	我觉得春天的天气最好。	Wǒ jué de chūn tiān de tiān qì zuì hǎo.	봄 날씨가 제일 좋다고 생각해요.
10	一斤苹果10块钱。	Yī jīn píng guǒ 10 kuài qián.	사과 1근에 10 위안이에요.

11. 今天和同学们去做了社会公益活动，我们给老人院安装了健身器材，我们认为老年人需要锻炼身体，这样可以保持身体的健康。爷爷奶奶们看到我们安装好了健身器材他们都非常踊跃地想要第一个尝试一下，我们看到也非常开心。我们觉得自己做的工作是有意义的。希望爷爷奶奶们可以喜欢。祝愿爷爷奶奶们身体健康，开开心心。

Jīn tiān hé tóng xué men qù zuò le shè huì gōng yì huó dòng, wǒ men gěi lǎo rén yuàn ān zhuāng le jiàn shēn qì cái, wǒ men rèn wéi lǎo nián rén xū yào duàn liàn shēn tǐ, zhè yàng kě yǐ bǎo chí shēn tǐ de jiàn kāng. yé ye nǎi nai men kàn dào wǒ men ān zhuāng hǎo le jiàn shēn qì cái tā men dōu fēi cháng yǒng yuè de xiǎng yào dì yī gè cháng shì yí xià, wǒ men kàn dào yě fēi cháng kāi xīn. Wǒ men jué de zì jǐ zuò de gōng zuò shì yǒu yì yì de. Xī wàng yé ye nǎi nai men kě yǐ xǐ huān. Zhù yuàn yé ye nǎi nai men shēn tǐ jiàn kāng, kāi kāi xīn xīn.

해석: 오늘은 동창들과 사회 봉사 활동을 하러 갔다. 우리는 경로당에 건강 기구를 설치하였다. 우리는 어르신들이 운동 필요하다고 생각했다. 운동하면 건강을 유지할 수 있다. 할아버지와 할머니들은 우리가 헬스 기구를 설치하자 매우 기뻐서 첫 시도를 해 보고 싶어 하셨다. 우리도 매우 기뻤다. 우리는 자신이 한 일이 보람이 있다고 생각한다. 할머니 할아버지께서 좋아하시길 바란다. 할아버지와 할머니들의 건강과 행복을 기원한다.

12. 我非常喜欢极限运动，我经常去攀岩，冲浪，这周天气很好，我带着自己的冲浪板去海边冲浪了，小伙伴还给我拍了照片，非常地开心。我认为极限运动都是接近大自然的运动，它可以让我回归自然，锻炼身体的同时净化心灵，我热爱大自然，我喜欢融入大自然，我就是大自然的一份子。

Wǒ fēi cháng xǐ huān jí xiàn yùn dòng, wǒ jīng cháng qù pān yán, chōng làng, zhè zhōu tiān qì hěn hǎo, wǒ dài zhe zì jǐ de chōng làng bǎn qù hǎi biān chōng làng le, xiǎo huǒ bàn hái gěi wǒ pāi le zhào piàn, fēi cháng de kāi xīn. Wǒ rèn wéi jí xiàn yùn dòng dōu shì jiē jìn dà zì rán de yùn dòng, tā kě yǐ ràng wǒ huí guī zì rán, duàn liàn shēn tǐ de tóng shí jìng huà xīn líng, wǒ rè ài dà zì rán, wǒ xǐ huān róng rù dà zì rán, wǒ jiù shì dà zì rán de yí fèn zi.

해석: 저는 익스트림 스포츠를 좋아해서 암벽 등반과 서핑을 자주 했다. 이번 주는 날씨가 좋았다. 저는 제 서핑 보드를 들고 바닷가에 가서 서핑했다. 친구들이 사진도 찍어 줘서 즐거웠다. 저는 익스트림 스포츠가 모두 자연에 가까운 운동이라고 생각한다. 자연으로 되돌아가고 몸을 단련하는 동시에 마음을 정화할 수 있도록 해 준다. 저는 자연을 사랑하며 자연에 녹아 드는 것을 좋아한다. 제가 바로 자연의 일부분이다.

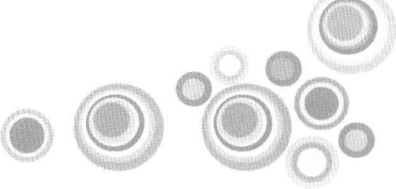

13. 你的理想职业是什么？为什么？

我是中学生，来自韩国，我最理想的职业是做游戏软件开发的工作，因为我非常喜欢玩游戏，如果工作就是玩游戏，那我一定可以做得很好。并且，每次玩游戏的时候我总能找到很多需要改进的地方，我还会给游戏公司写邮件告知他们我的游戏体验感，目前已经有两款游戏根据我的意见改进了游戏内容，这让我更想去做游戏软件开发的工作了。每天在学校里，我就很不喜欢学习历史这样的学科，但是我对数学就很感兴趣，这也帮助我在以后可以做软件开发的工作。我希望自己可以为和自己有相同爱好的人付出努力。

Wǒ shì zhōng xué shēng, lái zì hán guó, wǒ zuì lǐ xiǎng de zhí yè shì zuò yóu xì ruǎn jiàn kāi fā de gōng zuò, yīn wèi wǒ fēi cháng xǐ huān wán yóu xì, rú guǒ gōng zuò jiù shì wán yóu xì, nà wǒ yí dìng kě yǐ zuò de hěn hǎo. Bìng qiě, měi cì wán yóu xì de shí hòu wǒ zǒng néng zhǎo dào hěn duō xū yào gǎi jìn le dì fāng, wǒ hái huì gěi yóu xì gōng sī xiě yóu jiàn gào zhī tā men wǒ de yóu xì tǐ yàn gǎn, mù qián yǐ jīng yǒu liǎng kuǎn yóu xì gēn jù wǒ de yì jiàn gǎi jìn le yóu xì nèi róng, zhè ràng wǒ gèng xiǎng qù zuò yóu xì ruǎn jiàn kāi fā de gōng zuò le. Měi tiān zài xué xiào lǐ, wǒ jiù hěn bù xǐ huān xué xí lì shǐ zhè yàng de xué kē, dàn shì wǒ duì shù xué jiù hěn gǎn xìng qù, zhè yě bāng zhù wǒ zài yǐ hòu kě yǐ zuò ruǎn jiàn kāi fā de gōng zuò. Wǒ xī wàng zì jǐ kě yǐ wèi hé zì jǐ yǒu xiāng tóng ài hào de rén fù chū nǔ lì.

해석: 이상적인 직업이 뭐예요? 왜요?

저는 한국에서 온 중학생이에요. 저는 게임 소프트웨어 개발과 관련된 일을 하고 싶어요. 왜냐하면 저는 게임을 매우 좋아하기 때문이에요. 일이 게임이라면 저는 꼭 잘 할 수 있다고 생각해요. 또한, 게임을 할 때마다 저는 많은 개선할 점을 찾을 수 있어요. 저는 게임 회사에 저의 게임 체험 소감을 이메일로 보내요. 현재 이미 두 게임이 제 의견에 의해 게임 내용을 개선했어요. 그래서 게임 소프트웨어 개발 일을 더 하고 싶어졌어요. 학교에서 저는 역사 같은 과목을 좋아하지 않고 수학에 대해 매우 관심이 있어요. 이는 앞으로 소프트웨어 개발과 관련된 일을 할 수 있도록 도와줘요. 저는 나와 같은 취미가 있는 사람을 위해서 노력할 수 있길 바라요.

14. 你为什么要学中文？

因为中文是学校里的必修课程，我刚开始学中文是为了考试，但是现在觉得越学越有意思，自从学了中文之后，就非常想去中国旅游，去年暑假有机会和爸妈去中国旅游，我非常喜欢中国的美食，我希望我可以住在中国，这样我就可以天天吃中国的美食了。我学习中文也是为了交到更多中国的朋友。我现在学习中文感到很开心，因为中文改变了我的生活，让我认识到了更多的朋友。

Yīn wèi zhōng wén shì xué xiào lǐ de bì xiū kè chéng, wǒ gāng kāi shǐ xué zhōng wén shì wèi le kǎo shì, dàn shì xiàn zài jué de yuè xué yuè yǒu yì si, zì cóng xué le zhōng wén zhī hòu, jiù fēi cháng xiǎng qù zhōng guó lǚ yóu, qù nián shǔ jià yǒu jī huì hé bà mā qù zhōng guó lǚ yóu, wǒ fēi cháng xǐ huān zhōng guó de měi shí, wǒ xī wàng wǒ kě yǐ zhù zài zhōng guó, zhè yàng wǒ jiù kě yǐ tiān tiān chī zhōng guó de měi shí le. Wǒ xué xí zhōng wén yě shì wèi le jiāo dào gèng duō zhōng guó de péng you. Wǒ xiàn zài xué xí zhōng wén gǎn dào hěn kāi xīn, yīn wèi zhōng wén gǎi biàn le wǒ de shēng huó, ràng wǒ rèn shì dào le gèng duō de péng you.

해석: 왜 중국어를 공부하세요?

중국어가 학교의 필수 과목이기 때문에 처음에는 시험 공부를 하느라고 시작했어요. 중국어를 배우고 나니 중국에 가서 여행하고 싶어졌어요. 지난 여름 방학에는 부모님과 함께 중국 여행을 할 수 있어서 중국 음식을 좋아하게 됐어요. 저는 중국에서 살았으면 좋겠어요. 그러면 저는 매일 중국 음식을 먹을 수 있어요. 제가 중국어를 배우는 것도 더 많은 중국의 친구를 사귀기 위한 것이에요. 저는 지금 중국어를 공부하는 것이 즐거워요. 중국어로 인해 제 생활이 바뀌었어요. 그리고 더 많은 친구를 사귀게 됐어요.

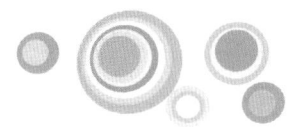

<HSKK 중급 모의고사 28> 모범 답안

	원문	병음	의미
1	这两天大家辛苦了。	Zhè liǎng tiān dà jiā xīn kǔ le.	요즘 다들 수고 많았어요.
2	爸爸前几天去北京了。	Bà ba qián jǐ tiān qù běi jīng le.	아빠가 며칠 전에 베이징에 가셨어요.
3	三天后就开学了。	Sān tiān hòu jiù kāi xué le.	3일 후에 개학해요.
4	加油站周围禁止吸烟。	Jiā yóu zhàn zhōu wéi jìn zhǐ xī yān.	주유소 근처는 금연 구역이에요.
5	春节的天气太冷了。	Chūn jié de tiān qì tài lěng le.	봄 날씨가 너무 추워요.
6	这个月就考完了。	Zhè ge yuè jiù kǎo wán liǎo.	이번 달에 시험이 다 끝날 거에요.
7	我去香港旅游了。	Wǒ qù xiāng gǎng lǚ yóu le.	저는 홍콩 가서 여행했어요.
8	我喜欢在大海里游泳。	Wǒ xǐ huān zài dà hǎi lǐ yóu yǒng.	저는 바다 수영을 좋아해요.
9	不用三天我就学会骑车了。	Bú yòng sān tiān wǒ jiù xué huì qí chē le.	저는 자전거를 배우는데에 3일밖에 안 걸렸어요.
10	我不想再看见你了。	Wǒ bù xiǎng zài kàn jiàn nǐ le.	당신을 다시 보고 싶지 않아요.

11. 韩国渐渐进入冬天了，又可以去滑雪了，太开心了，我非常喜欢滑雪，它就是我生命的一部分，我很喜欢滑雪带给我心跳的感觉，在我心中滑雪是最棒的运动，今年冬天我和朋友们又去滑雪了，我今年挑战了高级赛段，我感觉很开心。我喜欢生活在北方的国家，听说南方的国家冬天不下雪，对于我来说，冬天不下雪无法滑雪的话会很伤心。

Hán guó jiàn jiàn jìn rù dōng tiān le, yòu kě yǐ qù huá xuě le, tài kāi xīn le, wǒ fēi cháng xǐ huān huá xuě, tā jiù shì wǒ shēng mìng de yí bù fèn, wǒ hěn xǐ huān huá xuě dài gěi wǒ xīn tiào de gǎn jué, zài wǒ xīn zhōng huá xuě shì zuì bàng de yùn dòng, jīn nián dōng tiān wǒ hé péng you men yòu qù huá xuě le, wǒ jīn nián tiǎo zhàn le gāo jí sài duàn, wǒ gǎn jué hěn kāi xīn. Wǒ xǐ huān shēng huó zài běi fāng de guó jiā, tīng shuō nán fāng de guó jiā dōng tiān bú xià xuě, duì yú wǒ lái shuō, dōng tiān bú xià xuě wú fǎ huá xuě de huà huì hěn shāng xīn.

해석: 한국은 점점 겨울로 들어가고 있다. 또 스키를 탈 수 있어서 매우 기쁘다. 저는 스키를 좋아한다. 스키는 제 생명 중의 일부분처럼 느낀다. 스키가 저한테 가져다 주는 가슴 뛰는 느낌을 좋아한다. 제 마음속에서는 스키가 제일 좋은 운동이다. 올해 겨울에 저는 친구와 같이 스키를 또 타러 갔다. 고급 코스에 도전할 건데 매우 기쁘다. 저는 북쪽에 있는 나라에서 살고 싶다. 남쪽의 나라는 겨울에 눈이 안 내린다고 한다. 저한테는 겨울에 눈이 없어서 스키를 타지 못 하는 것이 되게 서운할 것 같다.

12. 我们小区添加了新的娱乐设施，给小朋友们的摇摇车，有各种各样的外型，妹妹说她想让我带她下楼看看去，我就带她去看了，我给她和一个乌龟造型的摇摇车拍了照片。因为妹妹已经上初中了，不能坐这个摇摇车，只有还在上小学的小朋友才可以坐，所以她有点失落。

Wǒ men xiǎo qū tiān jiā le xīn de yú lè shè shī, gěi xiǎo péng you men de yáo yáo chē, yǒu gè zhǒng gè yàng de wài xíng, mèi mei shuō tā xiǎng ràng wǒ dài tā xià lóu kàn kan qù, wǒ jiù dài tā qù kàn le, wǒ gěi tā hé yí gè wū guī zào xíng de yáo yáo chē pāi le zhào piàn. Yīn wèi mèi mei yǐ jīng shàng chū zhōng le, bù néng zuò zhè ge yáo yáo chē, zhǐ yǒu hái zài shàng xiǎo xué de xiǎo péng you cái kě yǐ zuò, suǒ yǐ tā yǒu diǎn shī luò.

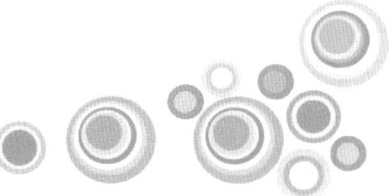

해석: 우리 동네에 새로운 놀이 기구를 추가했다. 어린이들을 위한 흔들 기차가 여러 가지 모양을 가지고 있는데 여동생이 보고 싶다고 해서 보러 갔다. 저는 여동생에게 거북이 모양의 흔들차와 함께 사진을 찍어 주었다. 여동생은 이미 중학교에 들어갔기 때문에 이 흔들차를 탈 수 없고 아직 초등학교에 다니는 어린이만 탈 수 있어서 좀 서운해 했다.

13. 你喜欢养宠物吗？为什么？

我喜欢养宠物，养一个宠物的话就可以天天和它玩儿，还可以和它一起散步，我很喜欢散步，在家里，我有个哥哥，但是哥哥工作很忙，没办法陪着我。而且养宠物还可以让它听我说话，跟它聊天。我很喜欢说话。有时候心情不好的话，还可以让它逗我开心。所以我喜欢养宠物。

Wǒ xī huān yǎng chǒng wù, yǎng yí gè chǒng wù de huà jiù kě yǐ tiān tiān hé tā wán r, hái kě yǐ hé tā yì qǐ sàn bù, wǒ hěn xī huān sàn bù, zài jiā lǐ, wǒ yǒu gè gē ge, dàn shì gē ge gōng zuò hěn máng, méi bàn fǎ péi zhe wǒ. Ér qiě yǎng chǒng wù hái kě yǐ ràng tā tīng wǒ shuō huà, gēn tā liáo tiān. Wǒ hěn xī huān shuō huà. Yǒu shí hòu xīn qíng bù hǎo de huà, hái kě yǐ ràng tā dòu wǒ kāi xīn. Suǒ yǐ wǒ xī huān yǎng chǒng wù.

해석: 애완동물을 좋아해요? 왜요?

저는 애완동물을 기르는 것을 좋아해요. 애완동물을 키우면 매일 같이 놀 수 있고 함께 산책하는 것도 좋아요. 집에 오빠가 있는데 오빠는 일이 바빠서 저를 데리고 놀 수가 없어요. 그리고 애완동물을 기르면 동물이 저의 말을 듣게 하고 그것과 잡담을 할 수 있어요. 저는 말을 하는 것이 좋아요. 때론 기분 나쁠 때 날 웃게 할 수도 있어서 저는 애완동물을 좋아해요.

14. 你喜欢看什么类型的电影？

我喜欢美国的英雄电影，我不喜欢悲伤的结局，我希望电影最后可以出现一个英雄拯救全世界，这样看完电影之后整个人都充满力量。其次，美国的英雄电影制作得非常精美，很多特效根本看不出来是特效，我还以为是真实存在的，看电影的时候感觉非常爽，所以我很喜欢英雄电影。最后，我觉得看完英雄电影之后可以给我带来正能量，和新的希望，可以让我继续投入到课业中，所以我喜欢看英雄电影。

Wǒ xī huān měi guó de yīng xióng diàn yǐng, wǒ bù xī huān bēi shāng de jié jú, wǒ xī wàng diàn yǐng zuì hòu kě yǐ chū xiàn yí gè yīng xióng zhěng jiù quán shì jiè, zhè yàng kàn wán diàn yǐng zhī hòu zhěng gè rén dōu chōng mǎn lì liàng. Qí cì, měi guó de yīng xióng diàn yǐng zhì zuò de fēi cháng jīng měi, hěn duō tè xiào gēn běn kàn bù chū lái shì tè xiào, wǒ hái yǐ wéi shì zhēn shí cún zài de, kàn diàn yǐng de shí hòu gǎn jué fēi cháng shuǎng, suǒ yǐ wǒ hěn xī huān yīng xióng diàn yǐng. Zuì hòu, wǒ jué de kàn wán yīng xióng diàn yǐng zhī hòu kě yǐ gěi wǒ dài lái zhèng néng liàng, hé xīn de xī wàng, kě yǐ ràng wǒ jì xù tóu rù dào kè yè zhōng, suǒ yǐ wǒ xī huān kàn yīng xióng diàn yǐng.

해석: 어떤 영화를 좋아해요?

저는 미국의 영웅 영화를 좋아해요. 슬픈 결말을 싫어하고 마지막에 한 명의 영웅이 나타나 세계를 구원하는 것이 좋아요. 영화를 보고 난 후에 사람자체가 충전을 받은 느낌이에요. 둘째로, 미국의 영웅 영화는 매우 아름답게 제작됐어요. 매우 많은 특수 효과가 전혀 효과로 보이지 않고 실제로 존재하는 것으로 느껴져요. 그래서 영화를 볼 때 매우 시원하고 상쾌해요. 그래서 저는 영웅 영화를 좋아해요. 마지막으로 저는 영웅 영화를 본 후에 긍정의 에너지와 새로운 희망이 생기고 제가 계속 공부에 매진할 수 있을 것 같아서 영웅 영화를 즐겨 봐요.

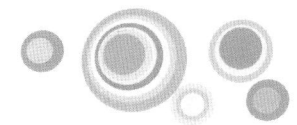

<HSKK 중급 모의고사 29> 모범 답안

	원문	병음	의미
1	我每天坚持运动一个小时。	Wǒ měi tiān jiān chí yùn dòng yí gè xiǎo shí.	저는 매일 꾸준히 1 시간씩 운동해요.
2	这附近没有银行。	Zhè fù jìn méi yǒu yín háng.	이 근처에는 은행이 없어요.
3	我家的墙上挂着三幅画。	Wǒ jiā de qiáng shàng guà zhe sān fú huà.	우리 집 벽에서 그림이 3장 걸려 있어요.
4	我看到他们在办公室聊天呢。	Wǒ kàn dào tā men zài bàn gōng shì liáo tiān ne.	그 사람들이 사무실에서 얘기하는 것을 봤어요.
5	他不让我给他打电话。	Tā bú ràng wǒ gěi tā dǎ diàn huà.	그는 전화하지 말라고 했어요.
6	老师让我妈妈去学校。	Lǎo shī ràng wǒ mā ma qù xué xiào.	선생님이 엄마 보고 학교에 오라고 했어요.
7	熬夜的时候眼睛很难受。	Áo yè de shí hòu yǎn jīng hěn nán shòu.	밤을 샐 때 눈이 아파요.
8	我们聊一聊这件事情吧。	Wǒ men liáo yi liáo zhè jiàn shì qíng ba.	이 일을 같이 얘기하자.
9	快走吧，来不及了。	Kuài zǒu ba, lái bu jí le.	빨리 가자. 늦겠어.
10	我已经订好机票了。	Wǒ yǐ jīng dìng hǎo jī piào le.	비행기표는 이미 예약됐어요.

11. 小周和小李是好朋友，他俩上课参加了小组对话，我们今天上课的内容是情景对话，她俩很可爱，在对话的时候想不起词就一直笑，小周说下周去逛街吧，小李回答了好，然后小舟就忘记词了，今天上课很有意思，我和小王的情景对话下周才进行，非常期待可以和她情景对话，我会好好准备的。

Xiǎo zhōu hé xiǎo lǐ shì hǎo péng you, tā liǎ shàng kè cān jiā le xiǎo zǔ duì huà, wǒ men jīn tiān shàng kè de nèi róng shì qíng jǐng duì huà, tā liǎ hěn kě ài, zài duì huà de shí hòu xiǎng bù qǐ cí jiù yì zhí xiào, xiǎo zhōu shuō xià zhōu qù guàng jiē ba, xiǎo lǐ huí dá le hǎo, rán hòu xiǎo zhōu jiù wàng jì cí le, jīn tiān shàng kè hěn yǒu yì si, wǒ hé xiǎo wáng de qíng jǐng duì huà xià zhōu cái jìn xíng, fēi cháng qī dài kě yǐ hé tā qíng jǐng duì huà, wǒ huì hǎo hǎo zhǔn bèi de.

해석: 샤오주와 샤오리는 친한 친구이다. 둘이 수업 시간에 팀별 대화에 참가했다. 오늘 수업하는 내용은 바로 상황별 대화이다. 둘이 귀여워서 대화할 때 단어를 떠올리지 못 하면 계속 웃었다. 샤오주는 다음주에 같이 쇼핑하러 가자는 말을 했는데 샤오리는 좋다고 했다. 그 다음에 샤오주는 단어를 까먹었다. 오늘 수업이 재미 있었다. 저와 샤오왕의 대화는 다음주에 할 것이다. 그녀와 대화하는 것이 매우 기대된다. 저는 잘 준비할 것이다.

12. 昨天看到电视上介绍极限运动滑翔伞，和跳伞的区别在于，滑翔伞它还有滑翔的功能，跳伞的伞是圆形的，但是滑翔伞是椭圆形的伞，根据左右手的操控，可以按照你想要去的方向滑翔，我跟爸爸讲了我看到的电视内容，爸爸说下个假期他有空的话就会带我去试试，我非常期待。

Zuó tiān kàn dào diàn shì shàng jiè shào jí xiàn yùn dòng huá xiáng sǎn, hé tiào sǎn de qū bié zài yú, huá xiáng sǎn tā hái yǒu huá xiáng de gōng néng, tiào sǎn de sǎn shì yuán xíng de, dàn shì huá xiáng sǎn shì tuǒ yuán xíng de sǎn, gēn jù zuǒ yòu shǒu de cāo kòng, kě yǐ àn zhào nǐ xiǎng yào qù de fāng xiàng huá xiáng, wǒ gēn bà ba jiǎng le wǒ kàn dào de diàn shì nèi róng, bà ba shuō xià gè jià qī tā yǒu kòng de huà jiù huì dài wǒ qù shì shi, wǒ fēi cháng qī dài.

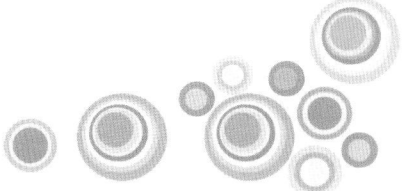

해석: 어제 텔레비전에서 소개했던 극한 스포츠 패러글라이딩은 낙하산과 달리 활공이라는 기능도 있다. 낙하산의 산 부분은 원형이고 패러글라이딩은 타원형이다. 그것은 왼쪽 오른쪽 손의 조작에 따라 가고 싶은 데로 활공하는 것이다. 제가 아빠한테 제가 봤던 텔레비전 내용을 알려 줬더니 아빠가 다음 휴가에 시간이 있을 때 저를 데리고 가서 해보겠다고 하셔서 저는 매우 기대된다.

13. 你将来有打算去中国旅游吗？为什么？

　　我将来打算去中国旅游。我是中学生，来自韩国，我学习中文是为了交中国朋友，去中国旅游。因为我认为中国是个很有魅力的国家，我最想去中国北京，因为我从电视上看到北京有很多好吃的，比如：烤鸭。看起来很好吃，我想去尝一尝，另外我想去北京故宫逛一逛，感受一下中国的文化，非常吸引我。我会努力学习中文，尽快去中国北京。

　　Wǒ jiāng lái dǎ suàn qù zhōng guó lǚ yóu. Wǒ shì zhōng xué shēng, lái zì hán guó, wǒ xué xí zhōng wén shì wèi le jiāo zhōng guó péng you, qù zhōng guó lǚ yóu. Yīn wèi wǒ rèn wéi zhōng guó shì gè hěn yǒu mèi lì de guó jiā, wǒ zuì xiǎng qù zhōng guó běi jīng, yīn wèi wǒ cóng diàn shì shàng kàn dào běi jīng yǒu hěn duō hǎo chī de, bǐ rú: Kǎo yā. Kàn qǐ lái hěn hǎo chī, wǒ xiǎng qù cháng yi cháng, lìng wài wǒ xiǎng qù běi jīng gù gōng guàng yi guàng, gǎn shòu yí xià zhōng guó de wén huà, fēi cháng xī yǐn wǒ. Wǒ huì nǔ lì xué xí zhōng wén, jǐn kuài qù zhōng guó běi jīng.

해석: 중국 가서 여행할 계획이 있어요? 왜요?

　　저는 중국에 가서 여행을 할 계획이 있어요. 저는 한국에서 온 중학생입니다. 저는 중국이 매우 매력적인 나라라고 생각해요. 중국 베이징에 가장 가고 싶어요. 아주 멋있어 보여요. 저는 가서 맛보고 싶어요. 베이징의 자금성도 구경하고 싶어요. 중국의 문화가 끌려서 가서 느껴 보고 싶어요. 저는 중국어 공부를 열심히 해서 가능한 빨리 중국 베이징에 갈 거예요.

14. 你最喜欢的演员是谁？为什么？

　　我最喜欢的演员是李秉宪，首先我觉得他非常帅，其次因为他的电影看起来非常过瘾，他的电影里面充满了正义，惩恶扬善，还有他是个善良的人，非常重感情。所以我很喜欢他。最后，他还去了好莱坞拍电影，我觉得他是凭自己的实力去的，我更加认可他的作品。

　　Wǒ zuì xǐ huān de yǎn yuán shì lǐ bǐng xiàn, shǒu xiān wǒ jué de tā fēi cháng shuài, qí cì yīn wèi tā de diàn yǐng kàn qǐ lái fēi cháng guò yǐn, tā de diàn yǐng lǐ miàn chōng mǎn le zhèng yì, chéng è yáng shàn, hái yǒu tā shì gè shàn liáng de rén, fēi cháng zhòng gǎn qíng. Suǒ yǐ wǒ hěn xǐ huān tā. Zuì hòu, tā hái qù le hǎo lái wù pāi diàn yǐng, wǒ jué de tā shì píng zì jǐ de shí lì qù de, wǒ gèng jiā rèn kě tā de zuò pǐn.

해석: 제일 좋아하는 배우는 누구예요? 왜요?

　　제가 가장 좋아하는 배우는 이병헌이에요. 첫째로는 그가 너무 멋져 보여요. 둘째, 그의 영화 속에서 그는 정의롭고 악을 징벌하고 선을 권장해요. 그는 선량한 사람이고 감정을 중요시해서 저는 그를 좋아해요. 마지막으로 할리우드에 가서 영화를 찍기도 했는데, 실력이 좋은 사람인 것 같아 더욱 그의 작품을 인정하게 돼요.

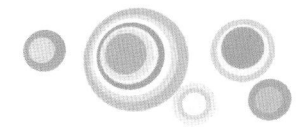

<HSKK 중급 모의고사 30> 모범 답안

	원문	병음	의미
1	我去北海公园看花。	Wǒ qù běi hǎi gōng yuán kàn huā.	저는 꽃을 보러 북해 공원 갈 거에요.
2	老师正在黑板上写字。	Lǎo shī zhèng zài hēi bǎn shàng xiě zì.	선생님은 칠판에서 글자를 쓰고 있어요.
3	我最害怕的动物是狮子。	Wǒ zuì hài pà de dòng wù shì shī zi.	저는 제일 무서워하는 동물이 사자예요.
4	我喜欢别人给我指出缺点。	Wǒ xǐ huān bié rén gěi wǒ zhǐ chū quē diǎn.	남이 제 단점을 지적해 주는 걸 좋아해요.
5	昨天去了健身房。	Zuó tiān qù le jiàn shēn fáng.	어제 헬스장에 가다왔어요.
6	中国的人口数量已经超过了14亿。	Zhōng guó de rén kǒu shù liàng yǐ jīng chāo guò le 14 yì.	중국의 인구수는 이미 14억을 넘었어요.
7	妈妈因为孩子不听话而伤心。	Mā ma yīn wèi hái zi bù tīng huà ér shāng xīn.	엄마는 아이가 말을 안 들어서 슬퍼해요.
8	我有写日记的习惯。	Wǒ yǒu xiě rì jì de xí guàn.	저는 일기를 쓰는 습관이 있어요.
9	朋友帮助我的时候我会请客。	Péng you bāng zhù wǒ de shí hòu wǒ huì qǐng kè.	친구는 저를 도와 주면 제가 밥을 사 줘요.
10	对不起，我希望你原谅我。	Duì bu qǐ, wǒ xī wàng nǐ yuán liàng wǒ.	미안해요. 저를 용서해 주세요.

11. 今天是世界杯决赛的日子，我和同事在炸鸡店一起吃炸鸡看比赛，我们还点了两瓶啤酒，我有点儿激动，希望我喜欢的队伍可以取得冠军，两支队伍在经过激烈的对抗之后，比分差距并不大，在加时赛结束之后，还是没能分出胜负，我们都在等待点球大赛开始，最终让我欣慰的是，我喜欢的队伍取得了冠军，真是太令人激动了。

　　Jīn tiān shì shì jiè bēi jué sài de rì zi, wǒ hé tóng shì zài zhá jī diàn yì qǐ chī zhá jī kàn bǐ sài, wǒ men hái diǎn le liǎng píng pí jiǔ, wǒ yǒu diǎn r jī dòng, xī wàng wǒ xǐ huān de duì wǔ kě yǐ qǔ dé guàn jūn, liǎng zhī duì wǔ zài jīng guò jī liè de duì kàng zhī hòu, bǐ fēn chā jù bìng bú dà, zài jiā shí sài jié shù zhī hòu, hái shì méi néng fēn chū shèng fù, wǒ men dōu zài děng dài diǎn qiú dà sài kāi shǐ, zuì zhōng ràng wǒ xīn wèi de shì, wǒ xǐ huān de duì wǔ qǔ dé le guàn jūn, zhēn shì tài lìng rén jī dòng le.

해석: 오늘 월드컵 결승전 하는 날이라서 저는 동료들과 치킨집에서 치킨을 먹으면서 경기를 봤다. 맥주 두 병도 같이 시켰다. 저는 조금 떨렸다. 제가 좋아하는 팀이 우승했으면 하는 마음이었다. 두 팀은 치열하게 대결했지만 연장전 끝까지도 승부를 가리지 못했다. 우리는 모두 승부차기 경기를 기다렸다. 다행스럽게도 제가 좋아하는 팀이 우승했다. 너무 감격스럽다.

12. 周一的时候爸爸妈妈都去上班了，我幼儿园放学之后就去了爷爷家，爷爷在家整理他的花园，我说帮爷爷浇花，爷爷很开心、于是就给了我一个连着水龙头的水管，他说开始之后我手中的水管就喷出了很多水，我的力气太小了，水喷得到处都是，爷爷看到后笑话我很可爱，浇完花后，花变得更鲜艳了，很好看，我喜欢帮助爷爷浇花。

　　Zhōu yī de shí hòu bà ba mā ma dōu qù shàng bān le, wǒ yòu ér yuán fàng xué zhī hòu jiù qù le yé ye jiā, yé ye zài jiā zhěng lǐ tā de huā yuán, wǒ shuō bāng yé ye jiāo huā, yé ye hěn kāi xīn, yú shì jiù gěi le wǒ yí gè lián zhe shuǐ lóng tóu de shuǐ guǎn, tā shuō kāi shǐ zhī hòu wǒ shǒu zhōng de shuǐ guǎn jiù pēn chū le hěn duō shuǐ, wǒ de lì qì tài xiǎo le, shuǐ pēn de dào chù dōu shì, yé ye kàn dào hòu xiào huà wǒ hěn kě ài, jiāo wán huā hòu, huā biàn de gèng xiān yàn le, hěn hǎo kàn, wǒ xǐ huān bāng zhù yé ye jiāo huā.

해석: 월요일에 아빠 엄마가 출근갔다. 저는 유치원에서 다녀와서 할아버지 집에 갔다. 할아버지는 정원 정리를 하고 있었다. 저는

할아버지를 도와서 꽃에 물을 줬다. 할아버지가 너무 즐거워서 수도꼭지를 연결하는 파이프를 주셨다. 그가 시작한다는 말을 하자 물이 뿜어져 나왔다. 제 힘이 너무 약해서 물이 여기저기서 쏟아져 나왔다. 할아버지께서 보고 웃으셨고 저보고 너무 귀엽다고 말했다. 꽃에 물을 주고 나니 꽃이 더 화려해 보였고 보기 좋았다. 저는 할아버지를 도와 꽃에 물을 주는 것을 좋아한다.

13. 谈一谈对夏天的印象。

我对夏天的印象是炎热还有好吃的西瓜，我很喜欢秋天，因为秋天不热也不冷。但是夏天非常热，去年暑假我以为和爸妈一起去中国过夏天会凉快一点，结果我感觉中国比韩国还热，韩国热的时候感觉没有很干燥，但是我和爸妈去北京过夏天感觉很干燥，而且非常热。虽然在北京过夏天吃到很多美食，但是我还是希望在首尔过夏天。

Wǒ duì xià tiān de yìn xiàng shì yán rè hái yǒu hǎo chī de xī guā, wǒ hěn xǐ huān qiū tiān, yīn wèi qiū tiān bú rè yě bù lěng. Dàn shì xià tiān fēi cháng rè, qù nián shǔ jià wǒ yǐ wéi hé bà mā yì qǐ qù zhōng guóguò xià tiān huì liáng kuai yì diǎn, jié guǒ wǒ gǎn jué zhōng guó bǐ hán guó hái rè, hán guó rè de shí hòu gǎn jué méi yǒu hěn gān zào, dàn shì wǒ hé bà mā qù běi jīng guò xià tiān gǎn jué hěn gān zào, ér qiě fēi cháng rè. Suī rán zài běi jīng guò xià tiān chī dào hěn duō měi shí, dàn shì wǒ hái shì xī wàng zài shǒu ěr guò xià tiān.

해석: 여름에 대한 인상을 얘기해 보세요.

여름에 대한 인상은 덥고 맛있는 수박도 떠올라요. 저는 가을을 좋아해요. 왜냐하면 가을은 덥지도 않고 춥지도 않기 때문이에요. 여름은 반대로 너무 더워요. 지난 여름 방학 때 부모님과 함께 중국에 갔어요. 중국에서 여름 더위를 식힐 줄 알았는데 예상과 달리 중국이 한국보다 더 더웠어요. 한국은 더울 때 그렇게 건조하지 않은데, 부모님과 함께 베이징에 가서 보낸 여름은 매우 건조했어요. 베이징에서 여름을 보내며 많은 음식을 먹었지만 저는 여전히 서울에서 여름을 보내고 싶어요.

14. 你会为了保持身体健康选择健康食品吗？

我不会为了保持身体健康选择健康食品，因为我觉得人生活着的最大幸福就是吃到想吃的食物，如果健康食品正好是我喜欢吃的食物，那我就去吃，但如果我喜欢的食物正好不是健康食物，那我也会去吃，但我也会吃一些健康食物，但是它们不能代替我喜欢的食物。如果我为了健康只吃健康食物的话，心情一定会不好，压力也会变大，这样下去身体也不会健康。所以我不会为了保持身体健康选择健康食品的。

Wǒ bú huì wèi le bǎo chí shēn tǐ jiàn kāng xuǎn zé jiàn kāng shí pǐn, yīn wèi wǒ jué de rén shēng huó zhe de zuì dà xìng fú jiù shì chī dào xiǎng chī de shí wù, rú guǒ jiàn kāng shí pǐn zhèng hǎo shì wǒ xǐ huān chī de shí wù, nà wǒ jiù qù chī, dàn rú guǒ wǒ xǐ huān de shí wù zhèng hǎo bù shì jiàn kāng shí wù, nà wǒ yě huì qù chī, dàn wǒ yě huì chī yì xiē jiàn kāng shí wù, dàn shì tā men bù néng dài tì wǒ xǐ huān de shí wù. Rú guǒ wǒ wèi le jiàn kāng zhǐ chī jiàn kāng shí wù de huà, xīn qíng yí dìng huì bù hǎo, yā lì yě huì biàn dà, zhè yàng xià qù shēn tǐ yě bú huì jiàn kāng. Suǒ yǐ wǒ bú huì wèi le bǎo chí shēn tǐ jiàn kāng xuǎn zé jiàn kāng shí pǐn de.

해석: 몸 건강을 위해서 건강 식품을 선택할 거예요?

저는 건강을 위해 건강식품을 선택하지 않아요. 인생에서 제일 행복한 일은 먹고 싶은 음식을 먹는 것이라고 생각해요. 건강식품이 제가 먹고 싶은 식품이면 먹을 거예요. 제가 좋아하는 식품이 건강 식품이 아니라도 제가 먹을 거예요. 물론 건강식품도 같이 먹을 거예요. 그래도 건강식품이 제가 좋아하는 음식을 대체할 수 없어요. 제가 건강을 위해 건강한 음식만 먹는다면 기분이 나쁠 것이고 스트레스도 커져서 그러면 몸이 오히려 건강하지 않게 돼요. 그래서 저는 건강을 위해 굳이 건강식품을 선택하지 않아요.